Coordenação editorial
Bruna Werling Navas Machado

O MAPA DO SUCESSO EMPRESARIAL

Guia prático para empreender com resultados

Literare Books
INTERNATIONAL
BRASIL • EUROPA • USA • JAPÃO

PRESIDENTE DO CONSELHO
Maurício Sita

PRESIDENTE
Alessandra Ksenhuck

VICE-PRESIDENTES
Claudia Pires
Julyana Rosa

DIRETORA DE PROJETOS
Gleide Santos

CONSULTORA DE PROJETOS
Daiane Almeida

EDITOR
Enrico Giglio de Oliveira

ASSISTENTE EDITORIAL
Felipe de Camargo Benedito e Júlia Almeida

REVISORES
Mitiyo Santiago Murayama e Daniela Braz

CAPA E DESIGN EDITORIAL
Lucas Yamauchi

DIAGRAMAÇÃO
Luis Gustavo da Silva Barboza e Ana Paula Nunes Medeiros

IMPRESSÃO
Vox

Dados Internacionais de Catalogação na Publicação (CIP)
(eDOC BRASIL, Belo Horizonte/MG)

W489m Werling, Bruna.
O mapa do sucesso empresarial / Bruna Werling. – São Paulo, SP: Literare Books International, 2024.
216 p. : 14 x 21 cm

Inclui bibliografia
ISBN 978-65-5922-883-6

1. Empreendedorismo. 2. Sucesso nos negócios. I. Título.
CDD 658.4

Elaborado por Maurício Amormino Júnior – CRB6/2422

LITERARE BOOKS INTERNATIONAL LTDA.
Rua Alameda dos Guatás, 102
Vila da Saúde — São Paulo, SP. CEP 04053-040
+55 11 2659-0968 | www.literarebooks.com.br
contato@literarebooks.com.br

FSC
MISTO
Papel
FSC® C187267

SUMÁRIO

PREFÁCIO

Cá entre nós,

Sempre que sou convidado para a prazerosa responsabilidade de "prefaciar" bons livros, costumo citar o substantivo que originou tal verbo: prefácio, do latim *prae efatio* (pré-dito), é o antelóquio contextualizando aquilo que virá a seguir. Diante disso, minha missão aqui será antecipar algo que você certamente encontrará no maravilhoso *O mapa do sucesso empresarial*.

Para enaltecer as páginas vindouras, fez-se fundamental conhecer amiúde o histórico deste livro. Mensurei seus reais objetivos, desde o embrião até a postura literária dos autores, além de esmiuçar bastidores, sorvendo estratégias de aproximação dos leitores àquilo que as letras tentam falar aos nossos ouvidos.

Sou honrado pela amizade da coordenadora, Dra. Bruna Werling. Acompanho sua brilhante trajetória e os momentos ímpares dessa exitosa vida profissional, familiar e institucional. Em sua inquestionável competência, entregou maço e cinzel para diversas mãos lapidarem uma conexão que une cérebro, coração e alma das palavras, gerando este somatório de livros num só. Em *O mapa do sucesso empresarial*, você verá diferentes enfoques sobre o vasto universo do empreendedorismo.

Nasci nesse meio e, ao longo das décadas, constatei que a essência do bom empreendedor está na percepção empírica e na sensibilidade de aproveitar as novas oportunidades, enxergando aquilo que outros ainda não notaram. Ou seja, é a pessoa criativa que sai da zona de conforto para transformar eventual crise em chances reais, identificando e desenvolvendo soluções para investir recursos na produção de algo positivo à sociedade em geral e para si em particular.

É óbvio que sempre haverá riscos ao criarmos negócios próprios ou projetos com mudanças reais e impactantes. Entretanto, no empreendedorismo, a omissão é um dos piores pecados. Nesse sentido, *O mapa do sucesso empresarial* é imprescindível obra-prima.

Leia, ao seu modo, todos os valiosos e elucidativos textos: pelo sumário, de forma contínua ou intermitente; em sequência numérica ou por ordem de interesse. Os temas são relevantes, sobretudo porque foram redigidos por profissionais de notório saber e com enorme cabedal de conhecimento.

Após você desfrutar os sábios ensinamentos tatuados nesta obra, peço que me corrija se eu estiver errado: *O mapa do sucesso empresarial* baliza decisões e modifica vidas.

Portanto... boa leitura!

Samir N. Khoury

Administrador de empresas, biólogo e psicólogo clínico. Vice-presidente da Associação Comercial de São Paulo. Presidente da Academia Brasileira Rotária de Letras – São Paulo. Diretor da Academia Maçônica de Letras, Ciências e Artes. Membro do Colégio de Governadores do Rotary International. Vice-presidente do Conselho Superior da Fundação de Rotarianos de São Paulo, do Conselho de Curadores da Fundação Cásper Líbero, entre dezenas de outras grandes instituições.

01

O MAPA JURÍDICO DO SUCESSO EMPRESARIAL

UM GUIA PRÁTICO DE COMO LEGALIZAR A SUA EMPRESA

O capítulo "O mapa jurídico do sucesso empresarial" destaca a importância da formalização jurídica para o sucesso de uma empresa no Brasil. Ele aborda os principais tópicos necessários à formalização e estruturação de uma empresa para que possa ter um crescimento sustentável. A formalização e legalização da empresa, juntamente com todas as demais dicas e ensinamentos contidos nos capítulos desta obra, certamente guiarão você ao sucesso empresarial.

BRUNA WERLING NAVAS MACHADO

Bruna Werling Navas Machado

Advogada, proprietária do escritório Werling Navas Assessoria Empresarial. Pós-graduada em Direito e Processo Civil, Direito do Trabalho e Processo do Trabalho, com MBA em Gestão Empresarial. Empreendedora, pesquisadora e palestrante. Proprietária do WN Coworking em Ribeirão Preto (SP). Presidente da Comissão de Empreendedorismo Jurídico da 12ª subseção da Ordem dos Advogados do Brasil/SP. Coautora do best-seller *As donas da p**** toda, v. 2* (Editora Literare Books International, 2022).

Contatos
wnassessoriajuridica@gmail.com
11 97143 9820

A formalização jurídica de uma empresa não apenas assegura sua operação dentro dos parâmetros legais estabelecidos pelas leis vigentes no Brasil como também confere credibilidade no mercado, facilitando a obtenção de créditos, parcerias e contratos comerciais. Além da escolha do tipo societário, que pode variar, tendo como tipos principais a Sociedade Limitada, a Sociedade Anônima, o Empresário Individual, entre outros, é fundamental entender as implicações legais de cada opção. Também será abordada a importância de elaborar um contrato social bem estruturado e que defina claramente as responsabilidades dos sócios e o objeto social da empresa.

No que diz respeito às obrigações fiscais, é essencial estar ciente dos regimes tributários disponíveis, como Simples Nacional, Lucro Presumido e Lucro Real, e escolher aquele que melhor se adequa ao perfil e faturamento da empresa. Além disso, a empresa deve cumprir regularmente suas obrigações fiscais, como emissão de notas fiscais, recolhimento de impostos e contribuições sociais, e manter uma contabilidade organizada para evitar problemas com o Fisco.

No campo trabalhista, a formalização envolve a contratação de funcionários de acordo com a Consolidação das Leis do Trabalho (CLT) ou outras modalidades, como o contrato de trabalho intermitente ou temporário. É crucial estar atento às normas trabalhistas para garantir direitos dos empregados e evitar litígios trabalhistas que podem gerar custos e danos à imagem da empresa. Portanto, este capítulo fornecerá um guia sobre como navegar pelo processo de formalização jurídica, assegurando que a empresa opere de maneira ética, transparente e conforme as leis brasileiras.

Escolha do tipo societário

O primeiro passo na formalização de uma empresa é a escolha do tipo societário mais adequado ao seu negócio. No Brasil, existem vários tipos societários, porém os mais comuns são:

- **Empresário Individual (EI)**: destinado a empresários que atuam individualmente.
- **Sociedade Limitada (Ltda.)**: formada por dois ou mais sócios e possui responsabilidade limitada ao valor das quotas de cada sócio.
- **Sociedade Anônima (S.A.)**: indicada para empresas de grande porte, com capital dividido em ações negociáveis no mercado.

Obtenção do CNPJ e registro na Junta Comercial

É imprescindível solicitar o Cadastro Nacional da Pessoa Jurídica (CNPJ) junto à Receita Federal. O CNPJ é o número de identificação da empresa perante os órgãos federais e estaduais e é necessário para a emissão de notas fiscais, abertura de contas bancárias e realização de operações comerciais da empresa.

Após a escolha do tipo societário, é necessário registrar a empresa na Junta Comercial do estado onde a empresa será estabelecida. Esse registro é fundamental para formalizar a constituição da empresa e obter o Número de Identificação do Registro de Empresa (NIRE).

Inscrições estadual e municipal

Além do CNPJ, algumas empresas também precisam se inscrever na Secretaria da Fazenda Estadual para obter a Inscrição Estadual, especialmente aquelas que comercializam produtos. Além disso, é necessário verificar junto à prefeitura municipal a necessidade de obtenção do Alvará de Funcionamento e outras licenças municipais específicas para o tipo de atividade empresarial.

Obrigações trabalhistas e previdenciárias

A formalização da empresa também implica o cumprimento de obrigações trabalhistas e previdenciárias. Isso inclui registro dos funcionários em carteira, pagamento de salários e benefícios conforme estabelecido pela legislação trabalhista e recolhimento das contribuições previdenciárias junto ao INSS.

A reforma trabalhista permitiu a contratação de quaisquer serviços terceirizados. Porém, na hipótese de contratação de profissionais autônomos, ou terceirizados, é importante que haja um contrato formalizando esta contratação, evitando assim os riscos de eventuais demandas judiciais cíveis ou trabalhistas.

Contratos com fornecedores e clientes

É muito importante que haja sempre um contrato formal (escrito) entre sua empresa e seus fornecedores para que sua empresa esteja resguardada de modo jurídico, principalmente quanto a prazos de entregas, condições de pagamento e garantias entre sua empresa e seu fornecedor.

Dependendo do segmento de sua empresa, o contrato com seu cliente ou consumidor também se mostra fundamental, não sendo suficiente apenas a nota fiscal e o termo de garantia. Podemos citar, como exemplo, as empresas de móveis planejados ou as construtoras, que prescindem de contratos para que a empresa esteja juridicamente protegida.

É importante destacar que, na relação de consumo, o consumidor é a parte hipossuficiente (mais fraca), logo, a proteção jurídica do consumidor é maior, devendo assim a empresa se munir de toda documentação necessária para, caso necessário, provar que sua conduta é correta e legal em eventuais demandas judiciais.

Compliance

O *compliance* está integrado à assessoria jurídica preventiva, compreendendo um conjunto de normas e políticas destinadas a garantir a conformidade com as diretrizes estabelecidas para o negócio e as operações da empresa. Seu objetivo principal é prevenir, detectar e remediar desvios ou inconformidades que possam surgir.

Cada vez mais, o *compliance* torna-se fundamental nas organizações, promovendo uma cultura organizacional robusta e transparente. Esta abordagem não apenas fortalece a integridade dos processos, mas também impulsiona a eficiência operacional. Gestores e colaboradores, ao priorizarem a qualidade e a integridade dos serviços, contribuem para a sustentabilidade e a rentabilidade do negócio.

Dentro do âmbito do *compliance*, a gestão de reputação nas redes sociais assume um papel crescentemente relevante. Com muitos consumidores consultando a reputação online das empresas antes de realizar uma compra, é crucial não apenas marcar presença digital como também preservar uma imagem corporativa positiva. As ferramentas de *compliance* proporcionam o gerenciamento eficaz das redes sociais, assegurando uma comunicação consistente e alinhada com os valores e objetivos da empresa.

Cumprimento das obrigações fiscais

Por fim, é essencial estar em dia com as obrigações fiscais da empresa, como o pagamento de impostos federais, estaduais e municipais, conforme o regime tributário escolhido (Simples Nacional, Lucro Presumido ou Lucro Real).

Conclusão

A formalização jurídica de uma empresa é um processo complexo que demanda atenção meticulosa para assegurar a conformidade legal e o adequado funcionamento do empreendimento. Assim, é aconselhável contar com a expertise de um contador e um advogado especializado em direito empresarial para guiar e supervisionar todas as etapas dessa formalização.

Uma vez que a empresa esteja devidamente legalizada e em conformidade com todas as exigências legais, os empreendedores podem concentrar seus esforços no crescimento e expansão do negócio, capitalizando as oportunidades de mercado disponíveis.

Nos próximos capítulos deste livro você encontrará uma abordagem mais detalhada dos temas discutidos neste capítulo, bem como outros tópicos de suma importância. Estes incluem registro de marca, gestão da imagem corporativa, orientações sobre empreendedorismo e finanças, entre outros aspectos fundamentais que certamente conduzirão sua empresa ao sucesso empresarial.

Referências

BORBA, J. E. T. *Direito societário.* 8 ed. Rio de Janeiro: Renovar, 2003.

BRASIL. *Lei nº 13 429, de 31 de março de 2017. Altera dispositivos da lei nº 6.019, de 3 de janeiro de 1974, que dispõe sobre o trabalho temporário nas empresas urbanas e dá outras providências; e dispõe sobre as relações de trabalho na empresa de prestação de serviços a terceiros.* Portal da Legislação do Governo Federal. Disponível em: <https://legislacao.presidencia.gov.br/atos/?tipo=LEI&numero=13429&ano=2017&ato=d64gXQU5EeZpWTc21>. Acesso em: 16 abr. de 2024.

COELHO, F. U. *Curso de direito comercial.* V. II. 9 ed. São Paulo: Saraiva, 2006.

02

FRACASSO NÃO EXISTE
O QUE ACONTECEU FOI DIFERENTE DO QUE EU GOSTARIA

Vivemos em um momento em que o achismo e as interpretações estão em moda. Não escutamos as pessoas, já julgamos e processamos de acordo com nossos modos, costumes e valores. A inteligência emocional e a capacidade natural de se relacionar estão sendo abandonadas e, com isso, as distâncias entre as pessoas estão aumentando. Hoje, não sabemos a diferença entre motivação e engajamento, aliás os jovens sabem bem pouco sobre engajamento. Por isso, reflexão, meditação, treinamentos e *coaching* são os caminhos para a felicidade.

AGENOR BRANDALISE

Agenor Brandalise

Empresário, treinador, palestrante, com formação em Meta Coach Neurociência e Psicodrama Pedagógico; renascedor formado pelo Instituto Osho, na Índia; *master coach* formado pela Sociedade Brasileira de Coaching; eneacoaching formado pela Escola de Transformação Iluminatta; *master practitioner* formado pela SBPNL e SIPNL; analista comportamental e DISC formado pela Innermetrix; formado em Constelação Sistêmica pela UDEC; *master trainer* (treinador dos treinadores) da Dale Carnegie Course; formado pela Carnegie University, USA; analista HDI, formado pelo Instituto Lemann; *coaching* Despertando o Guerreiro, formado pelo Condor Blanco, no Chile; yoga nidra formado pelo Asharam Oncarananda Rishekesh, na Índia; *coaching* ontológico formado pelo Instituto Renzo em Cuzco, no Peru; *master coach* formado pelo INAP e Michael Hall.

Contatos
agenor@agebran.com.br
41 99881 4344

Desde que me conheço por gente, tenho estudado por que alguns empresários crescem rapidamente e outros demoram e alguns até nem conseguem.

Seria uma crença de que vou dar certo, enquanto outro reflete que o mercado é competitivo e feroz? Será que o que eu estudei me ajudará a me tornar rico, próspero ou quem sabe até feliz? As igrejas nos remetem a um calvário por falta de merecimento. Sim, temos uma crença muito forte de que o outro merece mais ou mais rápido do que eu. Na nossa infância aprendemos, ou pelo menos a maioria aprendeu, que família só nos rejeita. Vou para a escola e lá só aprendo ou observo competição. Tenho sempre que ganhar do colega, senão a mocinha não me vê. Fico adulto e no social aprendo ou observo uma baixa autoestima. O carro dele é mais bonito que o meu e assim por diante. Tudo isso tem a ver com a maneira como eu lido com o outro ou como eu lido comigo mesmo.

Inteligência interpessoal

É um tipo de inteligência ligada à capacidade natural de liderança. Pessoas com este perfil de inteligência são extremamente ativas e em geral causam uma grande admiração nas outras pessoas. São líderes práticos, aqueles que chamam a responsabilidade para si. Eles são calmos, diretos e têm uma enorme capacidade para convencer as pessoas a fazer tudo o que ele achar conveniente. São capazes também de identificar as qualidades das pessoas e extrair o melhor delas, organizando equipes e coordenando trabalho em conjunto.

Inteligência intrapessoal

É um tipo raro de inteligência que desenvolve a habilidade de lidar consigo mesmo, também relacionado à liderança. Quem desenvolve a inteligência intrapessoal tem uma enorme facilidade em entender o que as pessoas pensam, sentem e desejam. Os líderes intrapessoais são mais reservados, exercendo a liderança de um modo mais indireto, por meio do carisma e influenciando as pessoas com ideias e não ações. Eles são a essência da inteligência emocional. Entre os tipos de inteligência, este é considerado o mais raro.

Motivação ou engajamento

Grande parte das pessoas faz as coisas acontecerem por força maior, ou seja, contratos, acordos ou estão apenas motivadas por algum elemento fora dele, dinheiro ou conquista. Já o engajado tem na alma o poder de realizar feitos grandiosos e até fenomenais, reconhecidos pela humanidade como feitos históricos. Engajado com a ideia ou meta ou objetivo, o que importa é o resultado. Tarefa iniciada, tarefa concluída.

Administração de tempo ou perdido no espaço

Líderes, todos nós temos 1.440 minutos por dia, nada mais e nada menos, então por que alguns conseguem fazer muitas coisas e outros não? Vivem reclamando de falta de tempo. Tempo é questão de preferência. O que você prefere fazer com seu tempo? Hoje a maioria das pessoas gasta muitas horas vendo WhatsApp, novela, telejornais, filmes de segunda categoria, em vez de ler dez livros por ano, assistir a palestras educacionais, participar de treinamentos etc.

Feedback positivo ou bronca

A maioria dos CEOs, gestores, pais ou maridos não sabe educar o próximo, mas sabe bater na mesa ou gritar. Quando batemos na mesa ou gritamos, é porque perdemos todos os argumentos e levamos a invertida para o lado pessoal. Nunca vi uma pessoa ganhar uma discussão. Ela pode até ganhar ali na frente das pessoas, mas depois vai para casa magoada, ressentida e, em seu inconsciente, pensando em vingança.

Administração de conflitos

A melhor maneira de ganhar um amigo, um colaborador, um familiar engajado, é se colocando no lugar da outra pessoa. Ver pelo ponto de vista da outra pessoa e administrar a opinião ou a ideia dela como se fosse minha e perguntar se essa é uma boa ideia ou se vamos ver outra sugestão. Outra ideia? Outra sugestão? Como fazia um presidente de uma grande companhia, que queria trocar um diretor e já tinha o nome do substituto. Marcava a reunião e anunciava a mudança e perguntava ao grupo se alguém teria um nome para indicar. O mais afoito já respondia: "O Sr. X". Ele respondia: "Ótima sugestão. Outro nome?" Até que alguém sugerisse o nome que ele tinha na manga. Rapidamente, ele falava todo animado: "Esse! Esse é um excelente nome. Obrigado pela sugestão. Aprovado."

Para sermos um excelente líder, temos que seguir estas cinco etapas de um gestor milionário:

- Habilidade de lidar com pessoas.
- Habilidade de planejamento e visão.
- Desenvolvimento em liderança x gestão.
- Saber vender e negociar e influenciar pessoas.
- Mais marketing pessoal do que outra coisa.

1) Pessoas e pessoal

Para tal, necessitamos desenvolver talentos, conhecer avaliação e desempenho (DISC). Criar um clima empresarial. Ter uma excelente comunicação. Ser um líder eficaz. Ter compromisso com a verdade e justiça. Ser o mais congruente possível. Entender inteligência emocional para gerenciamento de conflitos e com tudo isso conseguir o engajamento, que é muito diferente de motivação. E por favor, sem pré-julgamentos.

2) Planejamento e visão

Definição de objetivos. Estratégias. Metas e indicadores claros. Plano de ação, incluindo o plano B. Um bom acompanhamento. Perspicácia nas avaliações e correções.

3) Gestão e liderança

Ser bem treinado na comunicação. Saber motivar para conseguir engajamento. Ter empatia com ética e integridade. Conquistar a credibilidade por meio do exemplo, da autoconfiança e da autoestima. Ter flexibilidade e principalmente saber colocar-se no lugar do outro. Veja pelo ponto de vista da outra pessoa.

4) Vendas e influência

A toda hora, estamos vendendo, por isso gostar de vender. Conhecer um processo de vendas. Conhecer o produto. Conhecer o mercado onde atua. Vender o que o outro precisa e não o que eu quero. Tem a história de um vendedor de sapatos que foi designado a ir vender em um país pobre, mas tão pobre que ninguém usava sapato. Ele retornou e disse ao chefe: "Lá é impossível vender. Ninguém usa sapato!" Outro vendedor foi ao mesmo lugar e mandou um telegrama para o chefe: "Mande um container de sapatos. Aqui ninguém usa sapato!" Você é o resultado de suas crenças. Todos nós ouvimos em alguma parte desta vida que vendedor é chato. Isso perdura em nosso inconsciente.

5) Marketing e ideais

Quem não é visto não é lembrado. Todos os dias temos que inovar. Olhar para a rentabilidade e para os lucros como segundo plano. Primeiro, a qualidade do produto. Segundo, a qualidade de atendimento. Terceiro, o operacional, a logística, a resolução de dificuldades dos clientes. Enfim, qual o propósito do negócio.

Mas cuidado. Hoje, a beleza dos anúncios dissimula a qualidade do produto.

Hábitos e atitudes e comportamentos e treinos e experiências

Vamos aos sete hábitos para o sucesso: uma semente vira floresta. As palavras criam nossa realidade. Nossas crenças alimentam nossos pensamentos e nossos sentimentos alteram nosso humor.

1) Desejo e intenção e cocriação

Potencial puro. Infinitas possibilidades. Humor refinado. Falar o que interessa ao outro. Credibilidade se conquista com o SER interior! SER o que é!

2) Dar e receber

Servir e ajudar e apoiar. Você recebe o que dá. A vida lhe dá o que você dá a ela. O exterior é reflexo de nosso interior. Quanto mais você é grato mais, mais recebe.

3) Lei do carma e ação

Semeamos amor. Colhemos o que plantamos. Nossas ações desencadeiam uma reação às vezes até maior do que suportamos. Isso são escolhas e valores e sentimentos.

4) Lei do menor esforço

Acho... Quem acha tem que devolver. Tentar... E tentar é uma música. Talvez... Nunca chega. A lei do menor esforço era para o Jeca Tatu, que dormia embaixo das árvores. Ou cria ou copia.

5) Lei de intenção e desejo

Necessitamos de concentração e resiliência. Não existe aquela história de que podemos fazer duas ou três coisas ao mesmo tempo. As intenções vêm de nossos sonhos e criatividade. Cria-se um hábito em 21 dias. É muito mais fácil criar dez hábitos do que eliminar um. Seja um mestre e não um anjo.

6) Lei do distanciamento

Quando liberamos pessoas importantes de nossa vida, ela melhora.

Lei cósmica é você realizar o que pensa. Sempre estamos em dualidade: Ansiedade x Depressão. Bom x Ruim. Raiva x Medo. Interno x Externo. Sereno x Inquieto. Sabedoria x Ignorância. Incerteza x Certeza. Vivemos em expectativa.

7) Lei do darma

Tudo é dar e receber. Você recebe o que dá. Dê bons pensamentos para seu cérebro e você terá uma vida saudável e rica. Invista em seu conhecimento, é muito saudável aprender, treinar, viajar e em especial ensinar. Como disse Paulo Coelho, "mais aprendo quando ensino". SERVIR. Nos relacionamentos e criando com Deus.

Um resumo do eneagrama: nove graus para a felicidade e a prosperidade

Raiva – Tirar proveito dela.
Vaidade – Sem exagero.
Orgulho – Com sabedoria.
Inveja – Sem causar prejuízo, até que é bom.
Avareza – Só nas críticas.
Medo – Um mestre e tanto.
Gula – Cria nossas experiências.
Luxúria – Internamente é saudável.
Procrastinação – É coisa do ser humano. Disciplina, somente alguns animais.

Conclusão

Você sabe que o que ouvimos, pelo rádio, por exemplo, esquecemos rapidamente. O que lemos no jornal ou livro leva um pouquinho mais de tempo para apagar de nossa memória. O que assistimos ou vemos com os próprios olhos fica mais tempo no consciente. Por isso, assistir presencialmente a um treinamento e treinar nos próximos dias, exercitar as dicas, técnicas me fará um exímio usuário do que aprendi.

Bom treino com o que você leu aqui e, como Paulo Coelho, deixou escrito:

"Quanto mais ensino, mais aprendo".

Gratidão.

03

A ESTRUTURAÇÃO DE SEU NEGÓCIO SOB A LUZ DO CÓDIGO DE DEFESA DO CONSUMIDOR

Muitas são as preocupações do empreendedor quando decide abrir seu negócio. Uma delas, e que por vezes é negligenciada, é a parte jurídica que, se bem-feita, mitigará os riscos legais da empresa, reduzindo custos com demandas judiciais e risco de imagem, bem como, em última análise, entregará um melhor produto ou serviço ao cliente. No presente texto, serão abordados alguns riscos legais sob a ótica do Código de Defesa do Consumidor e as medidas e cuidados a serem observados pelo fornecedor.

ARTHUR VINICIUS NAVAS MACHADO

Arthur Vinicius Navas Machado

Advogado graduado pelo Centro Universitário Estácio-Uniradial (2013), pós-graduado em Direito Civil e Processo Cível pela Legale Educacional S.A. (2014), pós-graduado em Direito Empresarial e Advocacia Corporativa pela LFG (2016). Gerente jurídico na empresa Banco do Brasil S.A. Membro da Comissão de Direito Empresarial e Societário da 12ª Subseção da OAB/SP. Membro da Comissão de Estudos de Recuperação Judicial e Falência da 12ª Subseção da OAB/SP.

Contato
a.navas.machado@gmail.com

NA estruturação de um negócio, tornam-se óbvias algumas preocupações e providências que devem ser observadas para seu bom funcionamento, tais quais: encontrar um bom fornecedor, traçar o perfil e público que seu produto ou serviço visa atender, localização, maquinário, margem bruta e líquida do negócio, entre outras. No entanto, principalmente no início do negócio, a parte legal e jurídica por vezes acaba sendo negligenciada quando deveria, em verdade, ser a liga que mantém unida todos os elementos do negócio.

Não se engane, o cliente é um dos maiores (se não o maior) ativo de sua empresa. Ele é a razão de ser da entrega de seus produtos ou serviços e a satisfação dele deve ser uma preocupação constante. Mas como esperar um cliente satisfeito se os seus direitos forem violados pela empresa? Nas próximas linhas, apresentam-se algumas ponderações sobre a aderência legal ao Código de Defesa do Consumidor a serem observadas pelas empresas, ainda que de pequeno porte ou no início de sua atividade.

O cuidado inicial que toda empresa deve ter diz respeito à oferta de seus produtos e serviços. Só ofereça aquilo que conseguirá entregar, no prazo e valor ofertado. Tal conduta não só se traduz em respeito a seu cliente, como também é o que preconiza o art. 30 do Código de Defesa do Consumidor:

> Art. 30. Toda informação ou publicidade, suficientemente precisa, veiculada por qualquer forma ou meio de comunicação com relação a produtos e serviços oferecidos ou apresentados, obriga o fornecedor que a fizer veicular ou dela se utilizar e integra o contrato que vier a ser celebrado.

A não observância daquilo que foi ofertado pelo fornecedor faz surgir o direito do consumidor, na forma do art. 35 do Código de Defesa do Consumidor, alternativamente e mediante sua livre escolha: (i) exigir o cumprimento forçado da obrigação, nos termos da oferta, apresentação ou publicidade; (ii) aceitar outro produto ou prestação de serviço equivalente; (iii) rescindir o contrato, com direito à restituição de quantia eventualmente antecipada, monetariamente atualizada, e a perdas e danos.

Igualmente importante é o contrato que será celebrado na relação de consumo, no qual deverão constar os direitos e as obrigações recíprocas entre consumidor e fornecedor.

Contudo, o contrato de consumo tem suas peculiaridades e formas de interpretação cujo tratamento diverge dos demais contratos em nosso ordenamento jurídico.

É preciso ter em mente que o Código de Defesa do Consumidor visa equilibrar as forças dentro de uma relação de consumidor, posto que o fornecedor possui maior capacidade técnica, jurídica ou econômica, de modo que a legislação consumerista, ao conferir direitos e proteção ao consumidor, visa equilibrar esta relação.

Geralmente, diante da necessidade de celeridade na comercialização e contratação de produtos e serviços, são elaborados, entre o consumidor e o fornecedor, contratos nominados, "contrato de adesão". Importante que se diga que não há nenhuma ilegalidade em sua elaboração e celebração, sendo este, inclusive, previsto no art. 54 do Código de Defesa do Consumidor.

Os contratos de adesão são aqueles com cláusulas unilateralmente estabelecidas pelo fornecedor de produtos ou serviços, sem que o consumidor possa discutir ou modificar substancialmente seu conteúdo.

Em sua elaboração, o fornecedor deve se atentar para que suas cláusulas sejam redigidas em termos claros e com caracteres ostensivos e legíveis, cujo tamanho da fonte não seja inferior ao corpo doze, de modo a facilitar sua compreensão pelo consumidor, na forma do §3º do Código de Defesa do Consumidor.

Deve-se, também, redobrar a atenção ao elaborar um contrato de adesão, pois, em caso de uma cláusula mal redigida, confusa ou dúbia, sua interpretação será aquela que for mais favorável ao consumidor, na forma do art. 47 do Código de Defesa do Consumidor.

Ainda, deve o fornecedor se atentar que, em seu contrato, cláusulas que impliquem limitação de direito do consumidor devem ser redigidas com destaque, permitindo sua imediata e fácil compreensão. Recomenda-se assim, que tais cláusulas sejam redigidas em caixa-alta ou negrito, solicitando, inclusive, que o consumidor aponha sua assinatura ou rubrica ao lado de tal cláusula de modo que reste demonstrado de maneira inequívoca que o consumidor tinha ciência da limitação de seu direito.

Em conclusão, ao estruturar seu negócio, o fornecedor deve estar atento ao regramento estabelecido pelo Código de Defesa do Consumidor, ponderando na elaboração de seus contratos e no tratamento ao consumidor, que é a parte que possui maior capacidade técnica, jurídica e econômica. Diante disso, a legislação consumerista dispõe regras protecionistas ao consumidor e, assim, cabe o fornecedor adequar sua oferta e contrato às disposições legais.

Referências

BEMJAMIN, A. H. V.; MARQUES, C. L.; BESSA, L. R. *Manual de direito do consumidor*. 10. ed. São Paulo: Revista dos Tribunais, 2022.

BRASIL. Lei nº 8.078, de 11 de setembro de 1990. Institui o Código de Defesa do Consumidor. Diário Oficial da União de 12/09/1990 e retificado em 10/01/2007.

FILHO, S. C. *Programa de direito do consumidor*. 3 ed. São Paulo: Atlas, 2013.

GAGLIANO, P. S.; FILHO, R. P. *Manual de direito civil*. 7 ed. São Paulo: Saraiva, 2023.

JÚNIOR, H. T. M. *Direitos do consumidor*. 11 ed. Rio de Janeiro: Forense, 2022.

JÚNIOR, H. T. M. *Curso de direito processual civil*. Vol. I. 64 ed. Rio de Janeiro: Forense, 2022.

04

LÍDER 21
FOCO NO BEM-ESTAR

Ser líder é um título almejado por muitos e alcançado por alguns, mas, no século 21, essa função demanda habilidades e características próprias. Em sua complexidade, essa liderança não tem uma receita pronta, mas algumas atitudes podem fazer desse líder um Líder 21, ou seja, um líder inserido nas reais necessidades das pessoas e empresas para o século 21. Pertencimento e confiança fazem parte dessas necessidades.

CARLOS AUGUSTO ZANATA

Carlos Augusto Zanata

Graduado em Medicina Veterinária (Unifenas), formado em *Personal and Executive Coach* pelo ICI e em *Coaching* de Pontos Fortes *Cliftonstrengths* pela Gallup, possui certificado em Introdução à Análise Transacional (União Nacional de Analistas Transacionais do Brasil), MBA em Gestão de Negócios pelo IEL/UFMS, pós-graduado em Neurociências e Comportamento pela PUC-RS. Atuou como gerente de vendas nas áreas farmacêutica e nutricional da medicina veterinária entre os anos de 1999 e 2007. Assumiu a gerência do núcleo técnico da Federação da Agricultura e Pecuária do estado de Mato Grosso em 2013 e, em 2017, a gerência técnica do Serviço Nacional de Aprendizagem Rural de Mato Grosso – SENAR/MT. No ano de 2020, assumiu como diretor de operações do SENAR/MT e, em 2023, foi cofundador da empresa Ser Humano Profissional, que atua no desenvolvimento de líderes e gestores em empresas. Gestor com experiência em vendas, treinamento de equipes, executivo C-level.

Contatos
www.serhumanoprofissional.com.br
gutozanata@gmail.com
99975 3370

Em seu livro *Tornando-se imaginal,* Thomas R. Rudmik (2015, p. 39) diz que, geralmente quando lhe perguntam "Qual é o problema da educação?", ele gosta de responder: "Nenhum", seguido de uma pausa, e então ele termina dizendo: "Se você vivesse nos anos 1950. O sistema está fazendo exatamente aquilo para o qual foi desenhado, ou seja, produzir trabalhadores para a era industrial." Acontece que a era industrial passou, e aqui eu me atrevo a dizer que vários líderes que conheço estão liderando no modelo "era industrial" num mundo que pede cada vez mais análises, criatividade, conhecimento e propósito. O próprio Fórum Mundial do Trabalho da ONU 2023 elenca algumas dessas habilidades entre as dez mais desejadas, conforme a lista a seguir.

1. Pensamento analítico.
2. Pensamento criativo.
3. Resiliência, flexibilidade e agilidade.
4. Motivação e autoconsciência.
5. Curiosidade e aprendizagem contínuas.
6. Alfabetização tecnológica.
7. Confiabilidade e atenção aos detalhes.
8. Empatia e escuta ativa.
9. Liderança e influência social.
10. Controle de qualidade.

Fonte. Fórum Econômico Mundial, 2023.

Parece que o modelo de liderança atual se encontra no mesmo dilema que o conceito de educação de Thomas Rudmik, ou seja, ela é mais adequada para o trabalho de algumas décadas atrás. A liderança de hoje precisa estar muito mais sintonizada com as necessidades e as tendências do trabalho e dos trabalhadores do século 21, inserido em uma sociedade menos mecanizada e automática e mais criativa e em busca de propósito.

Liderar no século 21 é muito mais influenciar e engajar que mandar e cobrar, é muito mais ser exemplo que exigir do outro uma postura determinada. Liderar no século 21 é, acima de tudo, uma responsabilidade. Responsabilidade de inspirar e de desenvolver seus liderados, respeitando suas potencialidades e fraquezas, motivando-os a evoluir como seres humanos e proporcionando, assim, um bem-estar nas pessoas, no trabalho e na vida.

A maior habilidade de um líder é desenvolver habilidades extraordinárias em pessoas comuns.
Abraham Lincoln

O mundo vem falando e nós estamos ouvindo sobre as mudanças que estão acontecendo há muito tempo. O período da pandemia nos empurrou para essa realidade sem nos perguntar se era a hora. Ouço dizer em meu dia a dia que nada mudou no mundo pós-pandêmico, que as pessoas já retornaram aos seu estado natural e tudo aquilo foi esquecido. Não acredito nisso. O que passamos e vivenciamos no mundo todo, somado às tecnologias e aos novos comportamentos deste mundo digital e das redes sociais, impactou e tem impactado nossas vidas diariamente. Valores, crenças e propósitos de vida têm feito parte de nossos dias mais do que nunca. Estamos vendo manifestações sociais, profissionais e políticas diferentes do que víamos há algumas décadas. A educação dos jovens precisa ser repensada, a educação dentro de casa está sendo repensada e a educação dentro das corporações também está sendo reinventada. Jovens, idosos, raças, crenças e gêneros se misturam nos mesmos ambientes e isso é muito bom, pois pontos de vista e experiências vividas se completam nesse ecossistema diverso, que deve ser aproveitado e juntado cada vez mais, de modo consciente e intencional para fomentar soluções que atingirão a todos na sociedade.

Ser um líder nesta nova realidade do século 21 é diferente de ser o líder do passado. Atrair e reter talentos nas empresas se torna cada vez mais complexo, sem receitas prontas, pois os clientes internos e externos são outros. Inspirar as pessoas a entregarem o máximo de si exige cada vez mais que as empresas e seus líderes deem o máximo de si também, senão, corremos o risco de distanciar, cada vez mais, os objetivos das altas diretorias de seus colaboradores. Criar maneiras de envolver as pessoas em nossos propósitos em uma via de mão dupla, onde ambas as necessidades sejam contempladas, é a garantia de sucesso das empresas e colaboradores. Escutei de um colaborador recentemente uma frase que me fez refletir muito: "Quando o salário é mínimo, o esforço é mínimo." O que está acontecendo com as pessoas no ambiente de trabalho? Como os gestores estão lidando com uma realidade como essa? Qual será o futuro das empresas se tais pensamentos continuarem a crescer e tomar força? Em pouco tempo, corremos o risco de termos nossos colaboradores saindo das empresas em busca de algo que atenda suas expectativas e mais, sem sofrerem a pressão de falta de dinheiro e de passar necessidades básicas, pois com alguns trabalhos esporádicos, monetização em redes sociais, amparo familiar e apoios governamentais, as pessoas estarão garantindo seu sustento e suas vontades. Então, torna-se claro que não é só o dinheiro que vai mantê-las no trabalho.

Tenho dito que os colaboradores que estão dentro das empresas hoje devem ser tratados de modo diferente, pois já passaram por um "filtro" importante do mundo do trabalho: disposição para trabalhar, para sair de casa e buscar, no trabalho, a forma de realização de seus anseios, desejos e projetos. As empresas precisam olhar com atenção, valorizar essas pessoas e cuidar delas. Como os líderes poderão fazer isso? Como motivar pessoas a buscarem no trabalho a realização de suas vidas? Como fazê-los crescer e se desenvolver como seres humanos, como profissionais, aprendendo a se desafiar em busca de soluções e resoluções de problemas? No ambiente de trabalho, todos nós temos a oportunidade de desenvolvermos e praticarmos habilidades que nos fazem melhores em todos os aspectos de nossas vidas. Quem nunca levou uma lição aprendida no trabalho para dentro de casa, compartilhando com pessoas de seu convívio no intuito de levar conhecimento e crescimento a elas? Este é um ciclo que ajuda no desenvolvimento da raça humana. Como um líder pode contribuir para este crescimento humanitário e profissional? Este é o desafio que líderes conscientes estão encarando, com responsabilidade e compaixão, pois a arte de liderar se traduz na arte de desenvolver o outro, de fazê-lo evoluir, para que ele possa dar continuidade evoluindo os que convivem com ele.

Alguns pilares de liderança podem contribuir na construção das respostas dessas perguntas, e destaco: não existe fórmula pronta. Cada empresa e cada momento é único, por isso, assumir a postura de um líder aprendiz é assumir que ocorrerão fracassos na jornada. Logicamente, algumas ações têm probabilidades maiores de sucesso do que outras, e as tentativas de acerto e erro também devem fazer parte da construção de um ambiente saudável e produtivo.

Pertencimento

No ambiente de trabalho, assim como nos ambientes familiares, de amizades, religiosos e outros, o sentimento de pertencimento pode provocar mudanças no comportamento dos indivíduos, fazendo que estes se engajem mais ou menos em determinadas causas ou trabalhos. Ter o entendimento dos objetivos de uma empresa, quais são seus valores e quais impactos, na sociedade, essa empresa pode causar tem sido tema de conversas e discussões entre as pessoas, principalmente na geração mais nova, entre 18 e 25 anos, que buscam uma identificação com as empresas e empregos em que atuam como forma de encontrar propósito no que estão fazendo. Essa sensação de pertencimento a grupos pode ser explicada pela história de evolução do cérebro humano. Vivemos em sociedade há muito tempo.

Hellinger (2007) afirma: "Todos que fazem parte de um sistema têm o direito de fazer parte dele; exatamente o mesmo direito de todos os demais." Isso significa que pertencer a um grupo de trabalho (sistema) dá o direito ao indivíduo de participar, opinar, conhecer e contribuir dentro desse sistema, assim como todos os que trabalham nesta empresa. Liderar é, entre outras coisas, permitir que os colaboradores pertençam à empresa.

Ser excluído, em contrapartida, causa isolamento social, depressão, transtornos emocionais e psicológicos, a se ver nos exemplos de milhares de jovens que travam uma batalha no isolamento social da não aceitação.

Quando uma pessoa não tem a sensação de pertencimento a uma turma, uma instituição ou uma família, ela sofre. Isso é uma privação grave. Estudos realizados com colônias de macacos mostram que quanto maior o número de indivíduos no grupo, maior o desenvolvimento das áreas do cérebro responsáveis pelo relacionamento social (MARS et al., 2012). Quanto mais estímulo, mais desenvolvimento dessas áreas. O mesmo ocorre com seres humanos. O fato é que as pessoas não são humanas sozinhas, elas são humanas na relação com o outro.

Uma vez que o indivíduo se sente pertencente a um grupo, no caso, um grupo de trabalho, ele se sente mais confiante e tranquilo dentro desse grupo. Isso possibilita um comportamento mais amigável, com possibilidade de se manifestar em diversas situações com sugestões e ideias e, consequentemente, é possível a formação de grupos mais fortes, mais produtivos e mais empenhados com as empresas. Se não há a necessidade de se defender, se não há o medo presente nas relações de trabalho, diminuem-se os níveis de cortisol, relacionado ao estresse, melhorando assim a qualidade de vida do trabalhador e sua produtividade. Um líder do século 21 vê nessas características uma chave de sucesso para a empresa e para as pessoas.

Ambiente seguro

A segurança emocional no ambiente de trabalho é um complemento à sensação de pertencimento descrita anteriormente. A clareza nos direcionamentos de tarefas, prazos e resultados esperados, *feedbacks* constantes para conscientização sobre comportamentos que geram resultados indesejados, confiança de que a empresa reconhece e valoriza seus colaboradores e o entendimento das expectativas das empresas em relação ao trabalho de seus colaboradores são alguns dos exemplos de um ambiente seguro aos indivíduos. Ferramentas como essas devem ser de domínio do líder que é exemplo dentro das empresas.

Segundo Zak (2017):

> Na minha pesquisa, descobri que construir uma cultura de confiança é o que faz uma diferença significativa. Os funcionários em organizações de alta confiança são mais produtivos, têm mais energia no trabalho, colaboram melhor com seus colegas e permanecem com seus empregadores por mais tempo do que pessoas que trabalham em empresas de baixa confiança. Eles também sofrem menos estresse crônico e estão mais felizes com suas vidas, e esses fatores alimentam um desempenho mais forte.

O efeito da confiança no desempenho do trabalho autorreferido foi poderoso. Os entrevistados cujas empresas estavam no quartil superior indicaram ter 106% mais energia e eram 76% mais engajados no trabalho do que os entrevistados cujas empresas estavam no quartil inferior. Eles também relataram ser 50% mais produtivos – o que é consistente com nossas medidas objetivas de produtividade a partir de estudos que fizemos com funcionários no trabalho. A confiança também teve um grande impacto na lealdade dos funcionários: comparado com funcionários de empresas de baixa confiança, 50% mais dos que trabalham em organizações de alta confiança planejavam ficar com seu empregador no próximo ano, e 88% mais disseram que recomendariam sua empresa à família e amigos como um lugar para trabalhar. Esses números enchem os olhos de qualquer líder que quer ter sucesso. O sucesso do líder é o sucesso de todas as pessoas da empresa e, consequentemente, da própria empresa.

Em seu livro, Shawn Archor (2012) cita a pesquisadora da University of North Caroline Barbara Fredrickson, que descreve as dez emoções positivas mais comuns: "Alegria, gratidão, serenidade, interesse, esperança, orgulho, divertimento, inspiração, maravilhamento e amor." Se notarmos essas emoções, podemos constatar que todas elas nutrem nossa percepção de bem-estar psicológico e de uma forma ou de outra fazem parte de nossas vivências diárias. Para o líder do século 21, fomentar no ambiente de trabalho essas emoções faz parte de suas funções.

Outros fatores afetam nossa saúde mental diariamente. As pressões de entregas no trabalho, a violência presente em nossas vidas e diversas outras formas de pressão emocional em que vivemos, como as que passamos em relação à pandemia da covid-19, que afetou a vida de todo o planeta, são situações emocionais que iniciam dentro de nosso cérebro as descargas neurológicas de cortisol e outros hormônios, afetando nossa saúde, influenciando nas ações de decisões de nossas vidas. "Isolamento social/solidão pode ser mais prejudicial do que o alcoolismo, obesidade, poluição ambiental e o tabagismo." (HOLT-LUNSTAD; SMITH; LAYTON, 2010).

A confiança gerada pelos líderes do século 21 é um antídoto para as adversidades enfrentadas pelas pessoas nas corporações.

Liderar no século 21 é um ato de amor e responsabilidade e cabe a poucos, somente àqueles que têm essa missão nobre de contribuir com a humanidade. Líderes que não se posicionarem dessa maneira serão gestores de valores inestimáveis e necessários para o bom andamento das empresas, garantidores de processos, prazos e realização de tarefas, mas não serão líderes, pois, para liderar, terão que dar um passo adiante.

Referências

ARCHOR, S. *O jeito Harvard de ser feliz*. São Paulo: Benvirá, 2012.

FÓRUM ECONÔMICO MUNDIAL. *Relatório sobre o futuro dos empregos 2023: espera-se que até um quarto dos empregos mude nos próximos cinco anos*. Disponível em: <https://www3.weforum.org/docs/WEF_Future_of_Jobs_2023_News_Release_Pt_BR.pdf>. Acesso em: 26 dez. de 2023.

HELLINGER, B. *Conflito e paz: uma resposta*. Tradução: Newton A. Queiroz. São Paulo: Cultrix, 2007.

HOLT-LUNSTAD, J.; SMITH, T. B.; LAYTON, J. B. Social Relationships and Mortality Risk: A Meta-analityc Review. *PloS Med*, v. 7, n. 7, 27 jul. 2010. Disponível em: <https://journals.plos.org/plosmedicine/article?id=10.1371/journal.pmed.1000316>. Acesso em: 26 dez. de 2023.

MARS, R. B.; *et al.* (2012). *On the Relationship Between the "Default Mode Network" and the "Social Brain"*. Disponível em: <https://www.frontiersin.org/articles/10.3389/fnhum.2012.00189/full>. Acesso em: 26 dez. de 2023.

RUDMIK, T. A. *Tornando-se imaginal*. Tradução: Paulo Sérgio Bonagura. São Paulo: SENAI-SP Editora, 2015.

ZAK, P. J. A neurociência da confiança. *Harvard Business Review*, jan. 2017. Disponível em: <https://hbr.org/2017/01/the-neuroscience-of-trust?language=pt>. Acesso em: 10 dez. de 2023.

05

GPS DO EMPRESÁRIO, A ROTA DO SUCESSO!

Quando eu digo que é possível ter uma equipe que faz sua empresa crescer e que gera lucro até mesmo quando você não está lá, muitos empresários acham que é bom demais para ser verdade. Eu também acharia se alguém me falasse isso quando comecei minha empresa. Porém, neste capítulo, vou lhe mostrar que é possível o dono de empresa ter mais lucro e liberdade.

CARMEN VERA

Carmen Vera

Abriu seu primeiro CNPJ em 1992. Antes, trabalhou em empresas nacionais e multinacionais que contribuíram com sua *expertise* para atender e orientar empresários presencialmente durante décadas.
Atuando on-line desde 2019, já ajudou milhares de empresários a terem mais lucro e liberdade, com uma equipe que faz a empresa crescer. Graduada em Psicologia, com mestrado em Avaliação Psicológica pela Universidade São Francisco; MBA, pela FGV, em Gestão de Projetos; pós-graduada em Desenvolvimento Organizacional pelo INPG; pós-graduada em Gestão de Negócios pelo Instituto Japi. Formação em *Coaching* pela Coach U; formação em *Master Coach* pela The Inner Game of Coaching; e formação em *Team Coaching* com Joseph O'Connor. Estudou *coaching* com Tim Gallwey, criador do *coaching*; com Simon Dolan, criador do método Liderança *Coaching* por Valores, e David Alonso em Coaching x Valores. Ministra palestras e *workshops*, presenciais e on-line, no Brasil e no exterior.

Contatos
www.carmenvera.oficial
carmenvera@carmenvera.com.br
Instagram: @carmenvera.oficial

Dono de empresa, eu quero falar com você. Você que já contratou pessoas para ajudá-lo, e às vezes, em lugar de lucro, o que elas lhe trouxeram foram problemas e prejuízos, e bastava você virar as costas e a empresa parava.

Já vi empresários de mãos atadas com sua equipe, sem férias, sem liberdade, e eu mesma já fui uma dessas empresárias, e talvez a minha história se pareça com a sua, mas antes de eu lhe contar minha história, reflita comigo:

Se é você quem abre as portas de sua empresa e escolhe cada pessoa em sua equipe, está em suas mãos mudar todos os seus resultados, concorda?

Quem escolheu essas pessoas para virem trabalhar com você? Como as contratou?

Tem um antigo ditado que minha mãe usava muito que é cortar o mal pela raiz, ou seja, na porta de entrada de novas contratações, pois de nada adianta enxugar uma sala com a torneira aberta, isto não é inteligente... você quer arrumar a casa e continua entrando gente ruim. Isto não vai funcionar! Você manda embora e vem outro pior.

Os empresários não sabem explicar-me o porquê de contratarem gente tão ruim. E você já perdeu dinheiro, tempo e saúde contratando errado?

Você não está sozinho, pois eu recebo todos os dias, no meu *direct* do Instagram, mensagens de empresários que querem desistir de sua empresa porque não sabem mais o que fazer com os seus empregados.

Eu entendo sua agonia, pois talvez minha história se pareça com a sua. Meus pais sonhavam que eu arrumasse um bom emprego, por isso me deram um curso de datilografia, mas eu queria mesmo era ter liberdade de tempo e dinheiro. Eu queria conhecer o mundo e não ficar atrás de uma mesa de escritório.

E antes mesmo de terminar a faculdade, eu já tinha uma sala alugada e estava com a documentação com o contador para abrir minha primeira empresa.

Comecei em agosto de 1992. Tinha o sonho de ser empresária mas, na realidade, eu era aquela que trabalhava dia e noite. Eu estava cansada e, por mais que me dedicasse, não dava conta de fazer um bom serviço. Trabalhava muito e nunca tinha dinheiro, seguia vendendo o almoço para pagar o jantar, não podia parar em nenhum dia da semana.

Eu era empreendedora, mas estava ainda longe de me tornar empresária

Chegou um momento que o serviço era tanto que contratei uma menina para me ajudar.

Demorou para eu perceber que aquela menina sorridente e amável desviava dinheiro do caixa. Isto mesmo, e ainda me mostrava "presentes que tinha recebido". Quando tive a certeza do desvio, estava tão decepcionada que nem sabia o que fazer. Eu não estava preparada para uma situação assim, ser roubada por quem deveria me ajudar.

Difícil acreditar que as pessoas fazem, sorrindo e com naturalidade, algo como roubar a empresa.

Fiquei frustrada com meu início de empresária. Eu achava que escolher bons profissionais era privilégio apenas das grandes multinacionais que ofereciam inúmeros benefícios.

Foi então que decidi contratar pessoas indicadas, amigas, parentes ou que estavam necessitadas de um emprego. Eu adorava contratar quem precisava de ajuda.

Nada contra este tipo de contratação, mas é comum a relação não acontecer de maneira profissional.

Muitas vezes, eu sabia que eles não estavam trabalhando. Às vezes, eu explodia de raiva, daí eles produziam um pouco mais. Eu achava que tinha resolvido o problema, mas era só eu dar as costas e o serviço parava. Era um ciclo, e ainda assim não conseguia tomar uma decisão.

Eu sabia que estava me prejudicando, mas não conseguia falar, achava que a situação iria melhorar.

E dispensá-los era algo que eu arrastava dia após dia, e eu não tinha coragem, não sabia o que falar, tinha medo de que iriam ficar com raiva de mim. E eu me sobrecarregava fazendo o trabalho incompleto, corrigindo os erros.

Empresário, isto já aconteceu com você? Não conseguir cobrar e fazer, você mesmo, o trabalho de sua equipe?

E pensar que comecei a empresa pois queria liberdade, tempo e dinheiro.

Ah, eu acabei me tornando a melhor empregada da minha empresa. Era a primeira a chegar, a última a sair, mas eu era uma péssima empresária.

Meu sonho virou pesadelo. Fiquei doente, esqueci-me de mim mesma e da minha vida pessoal, era só trabalho, trabalho e trabalho.

Muitas vezes, virei a noite trabalhando, exausta e sem enxergar uma saída.

Não sabia o que eram férias e aproveitava os feriados para trabalhar.

Nem passava pela minha cabeça que as pessoas contratadas deveriam gerar lucro e fazer a empresa crescer.

Eu estava exausta física e mentalmente, e sem dinheiro. Não passe por isto. Veja e aprenda com a minha história.

Eu me lembro do ano 2000, o *Réveillon* do milênio, algo incrível sendo noticiado por toda a parte.

E eu até fui viajar para um hotel bacana, mas espalhei no quarto o trabalho que eu tinha levado. Sim! Levei trabalho na viagem. Eram todas as entrevistas que havia feito para uma importante multinacional recém-chegada a minha cidade.

Acredite, eu tive a brilhante ideia de comprar um minigravador. Talvez você não saiba do que estou falando, mas muito antigamente existia algo que se chamava gravador, e não ficava dentro do celular, não. Era um ícone, ele era físico, e você tinha que comprar fitas para gravar.

Eu achei que ganharia tempo se gravasse os laudos em um minigravador para que, após o feriado, quando minha equipe chegasse para trabalhar, eles apenas digitassem os laudos prontos. Ideia brilhante!

Vou lhe contar o que não deu certo: após ter passado o feriado trabalhando, cheguei ao meu escritório, e lá eu tinha, nesta ocasião, três pessoas que trabalhavam comigo e apenas um gravador… tóin!

Então, enquanto uma digitava, a outra esperava. Foi uma maravilha esta ideia, pois todo o conteúdo estava preso nas minifitas. E eu perdendo muito do meu tempo.

Esse *Réveillon* foi transformador, foi um marco em minha forma de ser empresária, pois como não havia gravador para todos, e o prazo estava acabando, as meninas começaram a elaborar os laudos e não apenas ficaram esperando sua vez de digitar.

E sabe o que eu aprendi? Elas faziam muito melhor e mais rápido do que eu.

Acredite: sua equipe pode fazer melhor do que você!

Eu era a própria empresária Branca de Neve, conhece? Aquela quem cuida dos anões... Fala para os anões lavarem as mãos, penteia os anões, faz o almoço dos anões, eles vão para as minas trabalhar, e quando voltam, são o quê? Anões! E ao acordar são o quê? Anões?

Eu era quem fazia a sopa do jantar, colocava os anões para dormir.

Eu não deixava minha equipe trabalhar, achava que eu deveria fazer os laudos... pois esta era uma tarefa importante e deixava a digitação para a equipe.

Eles não gostavam de apenas digitar o laudo, eles queriam fazer mais, aprender e crescer.

Descobri que eles saíam da minha empresa, e não era por ela ser pequena, mas porque eu não os deixava crescer.

Eu me matava fazendo de tudo, parecia a Branca de Neve, não permitindo que as pessoas da equipe assumissem responsabilidades e fossem cobradas por elas.

Queria entregar tudo pronto, para não ter erro, e minha equipe ficava apenas com o trabalho operacional. Seriam apenas "ajudantes" e de fato poderiam até nos ajudar, mas jamais fariam nossa empresa decolar.

Aprendi que podia confiar nas pessoas que eu havia contratado. Confie em sua equipe, eles querem crescer, e quando você abre este espaço, irá se surpreender.

Eu parei de acreditar que meus resultados ruins aconteciam por culpa de minha equipe, do Governo, da situação do país, de tudo que fosse externo.

Entendi que eu era a responsável por escolher quem traria para a empresa, o que cada um faria, e entendi que bons profissionais gostam de regras, gostam de desafios, e gostam de organização.

Para mim, ficou clara a relação de trabalho. Comecei a entender que não são "eles" que fazem, que chegam atrasados, que faltam, que usam o celular em lugar de trabalhar, mas que sou eu que permito que isto ocorra em minha empresa.

Foi então que, contrariando o ditado que diz que o negócio deve estar sempre sob os olhos do dono, eu fiz minhas malas e fui para o distante continente da Oceania. Quase nem falamos desse continente, não é mesmo? Sim, ele realmente fica longe. Lembro-me de ter saído do Brasil em uma quinta-feira e de chegar lá no sábado.

Mas quem se importa? Era meu sonho.

Pude realizar o sonho de fazer um intercâmbio na Nova Zelândia após muitas horas de voo. Foi uma experiência mágica, atravessar o mundo, estudar, conhecer o povo maori, ver os vulcões assim de perto e experimentar a neve, enfim, conhecer lugares incríveis, caminhar nas ruas onde filmaram *As crônicas de Nárnia* e *O Senhor dos Anéis*... uma experiência indescritível.

Eu cresci como empresária, mudei minha visão e minha forma de agir.

Pois sabe o que houve? Morando em um lugar assim distante, com um fuso horário doido que me deixava um dia à frente do Brasil, eu ia dormir e as pessoas na empresa já estavam chegando para trabalhar.

Eu pude colocar à prova o quanto eu confiava na equipe.

A empresa na minha ausência produziu um resultado ainda maior do que quando eu estava no dia a dia, pegando no pé de todo mundo. Exatamente um faturamento 37% mais alto que a média que apresentava quando eu estava com eles.

Vou contar alguns pontos que mudaram meu jogo, e o de centenas de empresários com quem apliquei minha metodologia para ter uma equipe gerando lucro mesmo quando o dono não está presente.

Atender pedidos de amigos, parentes, familiares e clientes, sem ter feito uma avaliação cuidadosa da pessoa, confrontando com as habilidades que você precisa em sua empresa.

Às vezes, contratamos uma pessoa para executar uma função que não tem nada a ver com ela, e outras vezes, por ser parente, a colocamos para liderar uma equipe que tem mais conhecimento e preparo que o líder.

Será mesmo que dar emprego de balconista em uma loja de roupas para um rapaz prestes a ser formar em Engenharia é ajudar esse rapaz? Às vezes, falar não apoia mais que falar sim, sabia?

E talvez você esteja pensando, "Ah, Carmen, não concordo, ele estava precisando". Pois ele estava precisando correr e buscar algo o mais próximo possível de sua área de ensino. Quando ele se formar, fará o quê? Colocará o diploma na parede da loja da tia?

Já vi casos em que colocaram a irmã, que não parava em nenhum emprego, para gerenciar a loja, mesmo sabendo que ela costumava perder a hora para trabalhar quase todos os dias.

Ou, ainda, você acredita que seus filhos darão continuidade ao seu negócio? Talvez. É possível que tenham as características para trabalhar em sua empresa, mas lembre-se, eles são seus herdeiros por direito, mas para serem seus sucessores precisam conquistar este direito para não se tornarem os "filhinhos do dono".

Existem empresários que só contratam parentes, amigos, vizinhos etc., pois acreditam serem mais confiáveis. Essa relação funciona bem enquanto o dono está no operacional, trabalhando lado a lado, e por vezes até usando o mesmo uniforme. Porém, ela tende a deixar de funcionar quando o dono começa de fato a dirigir a empresa, colocar regras, criar documentos para blindar a empresa, aplicar advertências, suspensão e até mesmo justa causa; quando o dono entende que seu papel é fazer a empresa crescer, e que para isto tem que contratar gente boa, e dirigir as entregas da equipe, saber o quanto estão produzindo, vendendo, apresentar uma visão e junto com a equipe transformá-la em metas individuais.

Outro ponto que poderá colocar a empresa em risco é o dono fazer um período de teste para depois decidir contratar. Ou então quando o candidato está recebendo auxílio do governo, seguro-desemprego e outros, e por isso não quer ser registrado.

Já conheci dezenas de empresários que acreditavam ser possível deixar o empregado sem registro, ou achavam que o risco seria pequeno.

Quero alertar que quando esses empregados movem uma ação judicial, mesmo quando foram eles que não quiseram ser registrados, em geral ganham uma indenização significativa, pois alegam que mantinham o benefício do Governo pela falta do registro, e eu já vi até mesmo falarem que não recebiam corretamente, que havia acúmulo de função, realizavam horas extras etc.

Agindo assim, você se torna refém dessa pessoa, que sabe que tem um trunfo que poderá usar contra você a qualquer momento.

Dono de empresa, não criamos as leis trabalhistas, mas temos o poder e o dever de DIRIGIR NOSSA EMPRESA.

Escolha quem você trará para a equipe, investigue quem é essa pessoa e o que ela já realizou. Procure saber quais são os valores dessa pessoa para avaliar se estão alinhados com os valores da empresa.

Não tenha pressa em contratar, pois trata-se de sua liberdade ou de sua prisão, trata-se de lucro ou prejuízo. E então confie em quem você contratou, abra espaço para que esse profissional cresça em sua empresa, o que fará sua empresa crescer.

Não ficamos velhos duas vezes. Chegou o momento de você deixar o operacional e inspirar sua equipe. Assim todos ganham. Empregados crescem, a empresa tem lucro, e você tem a tão sonhada liberdade.

06

DESCONSTRUINDO O CAPACITISMO

A IMPORTÂNCIA DA INCLUSÃO DE PESSOAS COM DEFICIÊNCIA NO AMBIENTE CORPORATIVO

Este capítulo aborda a importância da desconstrução do capacitismo, destacando as barreiras que podem afetar a participação plena de profissionais com deficiência. Busca inspirar líderes e gestores a repensarem o seu papel, não só no ambiente coorporativo, mas na sociedade como um todo, entendendo o seu propósito e a sua missão, a fim de transformarem a empresa em um espaço acolhedor, inclusivo e produtivo para todos.

CASSIANA FERREIRA

Cassiana Ferreira

Pedagoga licenciada pela Universidade Federal Fluminense/UFF. Pós-graduada com MBA em Gestão da Educação Empreendedora/UFF, Psicopedagogia Clínica e Institucional-UNESA e Neuropsicopedagogia e Educação Especial. Teóloga pelo Instituto Metodista Bennett. Atualmente cursa pós-graduação em Análise do Comportamento Aplicada (ABA) pela PUC/Goiás. Possui formação no Programa de Enriquecimento Instrumental – PEI I, PEI Básico e Mediação em Modificabilidade Estrutural Cognitiva pelo NDPC/ICELP/Jerusalém e Terapia em Análise do Comportamento Aplicada (ABA) pela Academia do Autismo. É gestora de quatro polos do Centro Universitário IBMR (Instituto Brasileiro de Medicina e Reabilitação), gestora da CVM EDUCA – cursos profissionalizantes e idiomas, e professora orientadora do NAPES (Núcleo de Apoio Pedagógico Especializado) pela Secretaria de Educação do Estado do Rio de Janeiro/SEEDUC. Foi pedagoga do SENAI/RJ, psicopedagoga clínica, professora de Disciplinas Pedagógicas/SEEDUC e diretora do CE Adelina Castro/SEEDUC.

Contatos
cvmeduca@gmail.com
Instagram: @cassianaarrudaferreira
21 96448 6094

Apesar de a legislação ter avançado no Brasil, com a Lei Brasileira de Inclusão de 2015, o modelo médico, em que a pessoa é vista pela sua deficiência, permanece vigente, enraizado culturalmente, e continua a influenciar a sociedade atual. Dias (2013) mostra que há um padrão imaginário de corpos normatizados, em que as relações baseadas na deficiência, assim como no racismo, são estabelecidas culturalmente de maneira intencional ou não intencional. A capacidade da pessoa com deficiência não é inferior. Durante muitos anos, a maior parte das pessoas com deficiência não teve acesso à escola. A baixa escolarização ainda é realidade na vida das pessoas com deficiência e isso contribui significativamente para a falta de expectativa de futuro e de avanço no mercado de trabalho.

O capacitismo é o preconceito dirigido às pessoas com deficiência. Esse termo é recente no Brasil, sendo seus primeiros relatos com os trabalhos de Anahi Guedes de Mello (2016). A autora refere-se ao capacitismo como sendo uma atitude preconceituosa, que julga as pessoas em relação aos seus corpos, hierarquicamente, com base na noção de normalidade (MELLO, 2016).

Observamos que o capacitismo está presente no cotidiano da sociedade e, consequentemente, das empresas. O capacitismo refere-se à discriminação que privilegia indivíduos considerados "capazes" em detrimento daqueles percebidos como tendo deficiências ou limitações. Essa forma de discriminação pode se manifestar de diversas maneiras, desde atitudes preconceituosas até a presença de estruturas institucionais que excluem ou marginalizam pessoas com deficiência. No âmbito corporativo, o capacitismo pode ser observado não somente pela ausência de acessibilidade a determinados setores, mas consolida-se principalmente no preconceito, na estigmatização e na baixa expectativa em relação à produtividade e à contribuição da pessoa com deficiência para empresa.

A contratação de pessoas com deficiência envolve responsabilidade social. Para uma empresa cumprir seu papel na sociedade, ela precisa ser inclusiva, pois o trabalho constitui um dos aspectos mais importantes para a formação da identidade do homem como um ser social.

Os dados do IBGE de 2023 apontam que há no Brasil 18,6 milhões de pessoas com deficiência, mas apenas 26,6% dessa parcela da população encontra espaço no mercado de trabalho. Além de o percentual de pessoas com deficiência inseridas no mercado de trabalho ainda ser baixo, muitas vezes ocorre a integração e não a inclusão. A visão dos profissionais de RH ainda está bastante centralizada na legislação que obriga a empresa a contratar um percentual de pessoas com deficiência. As vagas são criadas limitadas ao percentual obrigatório, e a inserção desses profissionais tem o objetivo de integrá-los à empresa. Nesse caso, a pessoa com deficiência precisa ser "compatível" com a função, se adequar aos processos existentes e se encaixar no perfil desejado para adaptar-se ao ambiente de trabalho.

Na empresa inclusiva, é possível criar vagas customizadas, em que tanto a pessoa com deficiência como a organização em que ela está inserida precisam se adaptar simultaneamente. O ambiente de trabalho precisa ser acessível de acordo com a necessidade da pessoa com deficiência. Nesse processo, acessibilidade e ferramentas com tecnologias assistivas são fundamentais. O ambiente precisa ser acolhedor e inclusivo, com respeito às diferenças de cada um. O conhecimento das habilidades da pessoa com deficiência pode promover o desenho de uma função em que ela possa explorar o máximo de suas potencialidades, contribuindo significativamente para a empresa e para seu crescimento profissional.

Em um cargo de liderança em que a pessoa precise viajar, por exemplo, é comum o gestor pensar que talvez o funcionário com deficiência possa ter mais dificuldades do que os outros e criam-se barreiras para uma possível promoção, sem ao menos consultar a pessoa para saber o que pode ser feito para que essas barreiras sejam vencidas e que tipo de suporte é necessário para determinada função ou tarefa.

Como pedagoga e psicopedagoga, convivo constantemente com a realidade de jovens e adultos com deficiência e os desafios do ingresso e permanência no mercado de trabalho. Fui pedagoga durante 9 anos no SENAI, atendendo as demandas de diversas empresas que buscavam pessoas com deficiência qualificadas, cujo objetivo central era obedecer à legislação, evitando suas penalidades legais. A visão capacitista infelizmente ainda é realidade no meio coorporativo. Vivenciei diversas histórias de vida de nossos alunos marcados por dificuldades e vitórias, mas gostaria de relatar uma história especial.

Atendi no consultório psicopedagógico um jovem com deficiência intelectual chamado Rodrigo, na época ele tinha 25 anos. O Rodrigo repetiu de ano na escola diversas vezes, mas conseguiu terminar o ensino médio. Ele tinha muita dificuldade de aceitação em relação à deficiência e buscava emprego a partir das vagas formais. Ao perceber sua ingenuidade e limitação, os responsáveis pelos processos de seleção não seguiam adiante.

Comecei a trabalhar com ele essas questões, sempre propondo desafios que eram vencidos e se tornavam mais complexos a cada etapa. Rodrigo foi se desenvolvendo e entendendo que todos nós somos diferentes e temos limitações, mas que, apesar disso, todos temos capacidade de aprender e nos desenvolver, não no mesmo tempo e não da mesma maneira. Ao se enxergar como uma pessoa que tinha uma deficiência, sim, mas que sua vida e seu valor não se resumiam a isso, ele entendeu que diagnóstico não é sentença! Ele teve coragem de enfrentar os processos seletivos direcionados a pessoas com deficiência, mas agora, apesar de reconhecer sua condição, não estava mais centrado nela! Seu objetivo era mostrar seu valor e enfrentar os desafios que surgissem à sua frente, continuando a se desenvolver como pessoa e como profissional.

Como eu trabalhava também no SENAI e atendia diversas empresas, consegui inserir o Rodrigo em um curso profissionalizante, pois as empresas realizavam diversos processos seletivos com nossos alunos e aproveitavam muitas pessoas com deficiência. Rodrigo participou de alguns processos em que o RH o aprovava para as vagas abertas para pessoas com deficiência, mas os gestores reprovavam. A visão capacitista impregnada no mundo corporativo aparecia em muitas falas, que eram camufladas em forma de "cuidado". O RH me passava o *feedback* de alguns gestores: "Essa indústria possui um alto grau de periculosidade, pode não ser seguro para ele"; "Ele não vai saber se proteger em uma situação de perigo"; "Ele não vai conseguir cumprir as demandas da função", "A empresa é muito grande, ele não vai conseguir se orientar aqui". Fica claro que alguns gestores procuravam uma pessoa cuja deficiência "interferisse" minimamente em seu rendimento e rotina da empresa, pois a pessoa deveria se encaixar no perfil idealizado, ou seja, a pessoa com deficiência seria integrada à empresa e deveria se adaptar a ela. O resultado é que vi muitas empresas pagando multas altas mensais, pois diziam que não conseguiam contratar o percentual de pessoas com deficiência exigidos pela legislação.

Dessa forma, a empresa não avança em seu processo de inclusão. Sabemos que, historicamente, conseguir um lugar na sociedade, ter seus direitos garantidos, ser visto, ser respeitado, ser valorizado e ser incluído é algo recente para a população de pessoas com deficiência. Infelizmente, nem todos ainda puderam desfrutar essa conquista. O gestor precisa respeitar as diferenças e acreditar no potencial das pessoas com deficiência. Considerar as limitações que a própria pessoa sinaliza e que não podem ser negadas, mas principalmente observar as habilidades e favorecer ao máximo a autonomia de cada um.

Finalmente, após algumas tentativas, o Rodrigo foi contratado por uma grande indústria multinacional. Como era seu primeiro emprego, ele iniciou na empresa como mensageiro interno. Naquela época, era comum chegarem centenas de cartas para diversos setores em um espaço físico gigante, com diversos prédios. Parecia não ser uma tarefa fácil, pois exigia orientação e organização. Aos poucos, o Rodrigo foi se familiarizando com o espaço, com os processos e, com sua simpatia e dedicação e o empenho da empresa em acolher e incluir, tudo fluiu!

Rodrigo não é um "deficiente", Rodrigo é uma pessoa! Uma pessoa com limitações, dificuldades, habilidades, talentos, sonhos... como todos nós! Ele tinha um desejo de trabalhar e constituir uma família! Durante nossas sessões de psicopedagogia, certo dia, Rodrigo estava fazendo um exercício complexo e realizava várias tentativas de acerto. Eu estava trabalhando com ele um módulo do Programa de Enriquecimento Instrumental de Reuven Feuerstein e em cada capa vem a figura de um garoto com a frase: "Um momento, deixe-me pensar!" A cada exercício que ficava mais complexo, Rodrigo repetia a frase da capa! Antes que ele desistisse, perguntei: "Existe algo que foi muito difícil de conseguir, mas você tentou muitas vezes e no final teve sucesso?" Ele respondeu: "Ah, sim, namorada pela internet! Tentei 14 vezes e, na 15ª vez, eu consegui!" Rimos bastante nesse momento. Após a sua admissão, nos separamos pela incompatibilidade de horários. Um tempo depois, eu estava no trabalho e uma pessoa me perguntou se eu era Cassiana. A pessoa disse que era amiga da mãe do Rodrigo e que ao saber que ela iria ao meu local de trabalho, mandou-me o seguinte recado: "Diga à Cassiana que o Rodrigo está muito bem no trabalho, vem crescendo e ganhando a confiança de todos a cada dia. Como ele é grandão, a bicicleta que ele usa para entregar as mensagens quebra constantemente, mas a empresa sempre conserta ou dá uma nova para ele. Aquela moça da internet agora é sua esposa! Ele está muito feliz e eu sou muito grata!"

Não há bens materiais que paguem a diferença que você faz na vida de uma pessoa. Nascemos com um propósito e esse propósito passa pela vida do outro! Acredito que ganhar dinheiro é importante, mas não é o suficiente para saciar a alma de alguém! Basta ver quantas pessoas famosas e bem-sucedidas já se suicidaram no mundo. A vida precisa de sentido e esse sentido está no outro. A missão, a visão e os valores de uma empresa precisam saltar do papel e serem vividos e experienciados no ambiente corporativo, e o gestor é o responsável principal desse processo. Um gestor precisa ter a sensibilidade de enxergar nas pessoas o seu potencial e ajudá-las a se desenvolver! Precisamos compreender e enxergar as pessoas com deficiência pelo que elas são como um todo e não apenas pela ótica da falta ou da limitação. O conhecimento pode mudar a forma como as pessoas enxergam e praticam a inclusão. O gestor precisa se autoavaliar, abordar o capacitismo nas empresas é crucial para promover um ambiente de trabalho inclusivo e respeitoso para todas as pessoas, independentemente de suas habilidades.

Exemplos de atitudes capacitistas que podem ocorrer em ambientes corporativos e que necessitam ser combatidas:

- Falta de acessibilidade física e de tecnologias assistivas.

- Recrutamento e seleção: exclusão de candidatos com deficiência durante o processo seletivo, muitas vezes baseada em preconceitos e estereótipos. Ausência de adaptações no processo seletivo. Critérios de promoção que não levam em consideração as habilidades e competências individuais de funcionários com deficiência, resultando em oportunidades limitadas de avanço na carreira.
- Estigma e estereótipos: uso de linguagem pejorativa ou estigmatizante ao se referir a funcionários com deficiência. Percepção equivocada de que pessoas com deficiência são menos capazes ou produtivas.
- Falta de conscientização: ausência de programas de conscientização e treinamentos para funcionários sobre a importância da inclusão e do combate ao capacitismo.
- Falta de flexibilidade: resistência em oferecer horários flexíveis ou opções de trabalho remoto e falta de adaptações razoáveis, como ajustes na configuração do espaço de trabalho para acomodar diferentes tipos de deficiência.
- Invisibilidade: não reconhecimento do potencial e das contribuições significativas de funcionários com deficiência. Situações em que pessoas com deficiência são incluídas apenas como uma forma de cumprir cotas, sem proporcionar um ambiente verdadeiramente inclusivo.

Ao combater as atitudes capacitistas, as empresas podem criar ambientes mais acolhedores, valorizando a diversidade e promovendo a igualdade de oportunidades para todos os colaboradores. É fundamental implementar políticas inclusivas, oferecer treinamentos regulares e garantir que as práticas organizacionais reflitam verdadeiramente o compromisso com a equidade e a acessibilidade.

No processo seletivo para o ingresso na empresa, ou mesmo em um recrutamento interno para uma promoção ou cargo de chefia, é necessário avaliar as necessidades do indivíduo:

- Realizar uma análise detalhada das habilidades, competências e necessidades específicas de cada pessoa com deficiência.

- Identificar as adaptações necessárias para facilitar a integração e o desempenho eficaz no ambiente de trabalho.
- Garantir que o ambiente de trabalho seja fisicamente acessível, considerando rampas, elevadores e banheiros adaptados.
- Implementar tecnologias assistivas e adaptações no local de trabalho, como software de leitura de tela, teclados adaptados e dispositivos de comunicação alternativa.
- Proporcionar treinamento para sensibilizar os colaboradores sobre a inclusão e a diversidade.
- Promover uma cultura organizacional que valorize as contribuições únicas de cada indivíduo, independentemente de suas capacidades físicas.
- Considerar opções flexíveis de trabalho, como horários adaptáveis e trabalho remoto, para atender às necessidades individuais dos funcionários com deficiência.
- Implementar políticas que permitam ajustes conforme necessário, criando um ambiente mais inclusivo.
- Estabelecer um sistema de *feedback* regular para avaliar a eficácia das adaptações e identificar áreas de melhoria.
- Manter uma comunicação aberta e contínua com os funcionários com deficiência para garantir que suas necessidades sejam atendidas ao longo do tempo. Só eles podem dizer do que são ou não capazes. Não fazer pré-julgamentos.
- Promover a troca de experiências entre os colaboradores, criando um ambiente de aprendizado e apoio mútuo. Perguntar se a pessoa precisa de ajuda, antes de tomar uma atitude, mesmo que tenha boas intenções.
- Desenvolver políticas explícitas de promoção da diversidade e inclusão que abranjam especificamente a contratação e a progressão profissional de pessoas com deficiência.
- Revisar as práticas de comunicação para garantir que todas as mensagens sejam inclusivas e respeitem a diversidade da equipe.
- Garantir que a diversidade também seja refletida em cargos de liderança, estabelecendo metas para promover a equidade e garantir que todos os funcionários vejam representação em todos os níveis hierárquicos.

- Buscar consultoria para a implementação de políticas e um ambiente inclusivo na empresa. Ninguém nasce sabendo, mas estar aberto a aprender é fundamental.

Ao adotar essas práticas, as empresas podem criar um ambiente de trabalho mais inclusivo e garantir que as pessoas com deficiência tenham oportunidades significativas de contribuir para o sucesso da organização. A inclusão de pessoas com deficiência não é apenas uma responsabilidade social, mas também uma estratégia valiosa para criar ambientes de trabalho mais ricos, inovadores e verdadeiramente representativos da diversidade humana.

A desconstrução do capacitismo no âmbito da empresa pode contribuir para a mudança e a busca de estratégias cada vez mais eficazes que nortearão as práticas inclusivas e contribuirão para o processo educativo, de construção de um ambiente mais igualitário.

Referências

BRASIL. Lei nº 13.146, de 6 de julho de 2015. *Lei Brasileira de Inclusão da Pessoa com Deficiência (Estatuto da Pessoa com Deficiência)*. Disponível em: <http://www.planalto.gov.br/ccivil_03/_Ato2015-2018/2015/Lei/L13146.htm>. Acesso em: 20 nov. de 2023.

COUTINHO, K. S.; RODRIGUES, G. F.; PASSERINO, L. M. O trabalho de colaboradores com deficiência nas empresas: com a voz os gestores de recursos humanos. *Rev. bras. educ. espec.*, 23 (02), Apr.-Jun. 2017. Disponível em: <https://www.scielo.br/j/rbee/a/hbv6GDkhjtrC63xGJkCSJhN/>. Acesso em: 27 jun. de 2024.

DIAS, A. *Por uma genealogia do capacitismo: da eugenia estatal à narrativa capacitista social.* In: Anais do II Simpósio Internacional de Estudos sobre Deficiência; 2013; São Paulo.

GOV.BR. *Brasil tem 18,6 milhões de pessoas com deficiência, indica pesquisa divulgada pelo IBGE e MDHC.* Ministério dos Direitos Humanos e da Cidadania, 7 jul. 2023. Disponível em: <https://www.gov.br/mdh/pt-br/assuntos/noticias/2023/julho/brasil-tem-18-6-milhoes-de-pessoas-com-deficiencia-indica-pesquisa-divulgada-pelo-ibge-e-mdhc>. Acesso em: 1 jun. de 2024.

MELLO, A. G. Deficiência, incapacidade e vulnerabilidade: do capacitismo ou a preeminência capacitista e biomédica do Comitê de Ética em Pesquisa da UFSC. *Ciênc. saúde coletiva [online]*, v. 21, n. 10, p. 3265-3276, 2016.

MENDONÇA, L. E. A. de. *Lei de cotas: pessoas com deficiência – a visão empresarial.* São Paulo: LTr, 2010.

TANAKA, E. D. O.; MANZINI, E. J. O que os empregadores pensam sobre o trabalho da pessoa com deficiência? *Revista Brasileira de Educação Especial*, Marília, v. 11, n. 2, p. 273-294, 2005.

07

DESIGN DE INTERIORES
UMA CONEXÃO PERFEITA PARA SEUS NEGÓCIOS

Você pode se perguntar o que este capítulo sobre design de interiores está fazendo neste livro sobre sucesso empresarial. Neste capítulo, você saberá a importância dessa profissão para alavancar a produtividade, os clientes e a experiência das pessoas em seu negócio, fidelizando seu cliente e contribuindo consideravelmente para o sucesso de sua empresa.

CRISTIANE MACIEL

Cristiane Maciel

Foto: Beth Mattos Fotografa

Formada em Administração de Empresas pela Uni Santana (1999), técnica em Design de Interiores pelo Senac (2011), realizou cursos complementares: Autocad no Senac, Desenho Técnico no Senac. Curso de atualização: Técnicas e Práticas de Decoração de Interiores na Evolui.com (Portugal). Cursos de especialização: Arquitetura Efêmera e Cenografia na Projetou, Masterclass em Neuroarquitetura na Projetou, Introdução à Arquitetura Comercial na Projetou, Design de Espaços Comerciais na EBAC LMS.

Contatos
cristianebtmaciel@gmail.com
Instagram: @crismaciel_designdeinteriores
11 99475 6737

Por que devo contratar um design de interiores para meu *business*?

Porque um profissional de design de interiores não considera em seu projeto apenas as questões estéticas, mas também a funcionalidade do ambiente a ser projetado, para quem ele está sendo projetado, quem são esses usuários, quais imagens esse ambiente deverá transmitir. Considera também o conforto térmico e acústico, a iluminação, a ergonomia etc. A área de design de interiores está ligada ao bem-estar do ser humano, e são inúmeras questões que envolvem essa profissão.

A maioria das pessoas confundem um decorador com um design de interiores. O decorador está ligado somente à parte estética do ambiente, ao passo que o design de interiores considera que todas essas questões mencionadas, além de sua formação e seu conhecimento, serem mais abrangentes.

Um designer de interiores pode atuar de várias formas. Dependendo de sua atuação, é necessário trabalho em conjunto com outros profissionais da área ou não. O trabalho em conjunto colabora com o sucesso de um projeto, porque será uma atuação de especialistas, todos com o mesmo objetivo em busca dos mesmos resultados, havendo assim excelência na entrega. Então, não podemos desconsiderar o trabalho de uma equipe de profissionais, como psicólogos, profissionais de marketing, engenheiros ou até mesmo arquitetos, entre outros especialistas.

O designer de interiores pode criar, decorar, renovar, reformar, prestar consultoria, atuar em diversas áreas. Veja em qual delas seu negócio se encaixa:

- Projetos comerciais.
- Projetos empresariais.
- Projetos residenciais.
- Projetos sustentáveis.
- Projetos institucionais.
- Projetos de móveis e acessórios.
- Projetos de cenografia.
- Projetos de vitrinismo.
- Projetos de hospitalidade.
- Projetos na área da saúde.
- Projetos na área de educação.
- Projetos na área de entretenimento.
- Projetos especiais.
- Projetos de exteriores.
- Projeto fitness.
- Projeto na área da beleza.
- Projeto virtuais.

Falando um pouco sobre a neuroarquitetura

"A neuroarquitetura considera que, assim como a mente molda espaços, os espaços também moldam a mente."
John Paul Eberhard, *Brain Landscape: The Coexistence of Neuroscience and Architecture*

A neuroarquitetura é o estudo da neurociência aplicado à arquitetura. Ela mostra como o espaço projetado ou a ser projetado impactam em nosso cérebro.

Podemos entender com a neuroarquitetura que o que pensávamos ter controle, nós, na verdade, não temos, porque existem vários processos abaixo de nosso nível de consciência que influenciam nossa tomada de decisão sem que sejam perceptíveis.

O que se considera na neuroarquitetura?

O que fará um cliente optar pelos seus produtos ou serviços mesmo que o preço seja muito mais alto que do seu concorrente?

E a resposta nada mais é que a experiência vivida no espaço. Nunca foi tão importante falar sobre experiência na área de interiores.

Quando pensamos em um projeto de interiores, imediatamente devemos considerar e pensar qual seria a experiência que aquele usuário poderia ou gostaria de ter naquele ambiente. Para isso, existe todo um estudo por trás. É impossível projetar sem ter o máximo de informações sobre a rotina do usuário ou do espaço, as necessidades desse usuário e do espaço, seus pontos negativos, e muito mais.

E é essa experiência que vai gerar fidelidade e fará que seu próprio cliente traga outros clientes que sejam também fieis.

Estamos falando de *branding*. Toda marca precisa comunicar algo. Quando uma marca consegue com poucas informações falar sobre ela, é sinal de que seu *branding* foi muito bem elaborado. O *branding* aplicado ao design de interiores é estratégico para criar espaços que transmitam a identidade e os valores de uma marca ou empresa.

Na prática

Fonte: acervo pessoal da autora.

Um dos projetos que me trouxe uma experiência maravilhosa e eu não podia deixar de dividir com você foi o de um espaço de beleza.

As proprietárias me procuraram com intuito de transformarem seu espaço, mas mais do que isso, a ideia era trazer uma nova cara, uma nova identidade, mudar o padrão do negócio, deixá-lo mais sofisticado, mais atual. Havia por parte delas a necessidade de um projeto financeiramente econômico. Elas queriam aproveitar algumas coisas que possuíam e aquilo que fossem comprar também fosse muito bem pensado para que ficasse bonito, mas sem muito custo. E eu sempre digo que "nada que uma boa criatividade não resolva", e foi assim.

O espaço não tinha identidade visual, era um ambiente poluído de informações desconexas, sem muita iluminação, era mal distribuído, mal aproveitado, cores que não se relacionavam, objetos usados de maneira improvisada e tudo isso desvalorizava o ambiente. Mesmo sendo um salão de altíssima qualidade em seus serviços, o ambiente não condizia com essa realidade, então era possível entender o quanto elas sentiam a necessidade dessa mudança. Essa era a dor das minhas clientes.

O primeiro passo era saber aquilo que incomodava. Faltava estilo, era necessário estudar a rotina dos profissionais e do espaço.

O desejo delas era melhorar a estética, setorizar, fazer uma sala de espera juntamente com a recepção com um espaço gourmet, queriam também um jardim, um espaço de maquiagem adequado, com a luz adequada, um espaço de esmaltaria, uma cozinha, uma sala de massagem e depilação com mais privacidade e ventilação, queriam que cada uma tivesse sua seção de trabalho. Eu enxerguei um grande potencial naquele local. Seria possível aproveitar cada espaço inutilizado ou mal utilizado trazendo ambientes que eram considerados externos para dentro e transformando-os, por exemplo, a varanda que foi transformada em uma esmalteria. Uma sacada que foi transformada em um jardim interno e assim fui transformando cada ambiente. Nesse processo, foi muito importante ouvir o profissional para sentir a necessidade de cada um em seu trabalho para adequar a luz de acordo com suas atividades, o tamanho de bancadas de trabalho, entre outros detalhes. Outro ponto importantíssimo foi o desejo de economizar em energia elétrica. Conseguimos aumentar a luz natural do espaço na escolha de materiais e pintura adequados, além de incluir mais aberturas.

Todos os aspectos da neuroarquitetura foram abordados e adotados e, como resultado, houve o aumento e fidelização de clientes e foi possível também fazer ajustes na tabela de preços de seus serviços, aumentado os lucros.

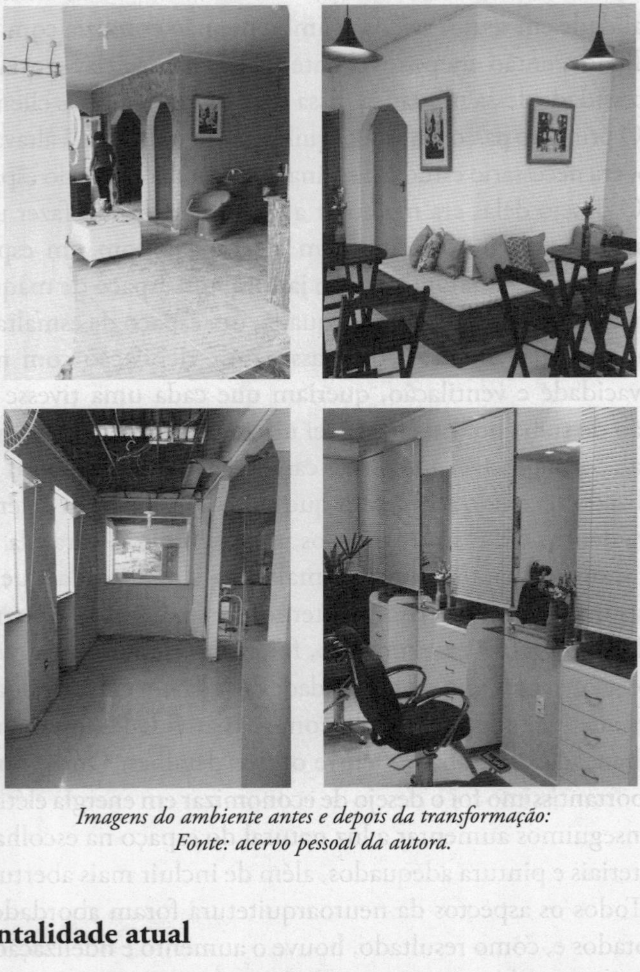

Imagens do ambiente antes e depois da transformação:
Fonte: acervo pessoal da autora.

Mentalidade atual

A mentalidade no mundo tem mudado e eu diria que é impossível não mudar. A tecnologia, as redes sociais, até mesmo a pandemia, todos esses fatores trouxeram e trazem mudanças comportamentais nos consumidores e empresas e o design de interiores precisa acompanhar essas mudanças para que as empresas possam estar adequadas a um novo mundo, uma nova visão.

Pensar mais no ser humano, no bem-estar, para alcançar resultados. Um dos exemplos é o design biofílico, que tem como prioridade o bem-estar e a conexão dos espaços com a natureza. É você trazer mais luz ao espaço, uma interação maior com o exterior, usar no ambiente materiais que remetam à natureza, incluir plantas no espaço, a água, colocar em prática a sustentabilidade, a circulação de ar natural etc.

A pandemia foi um aspecto que trouxe uma "troca de visão", eu diria, em relação, por exemplo, ao ambiente de trabalho. As pessoas precisaram trabalhar de suas casas e atualmente muitas empresas adotaram esse modelo *home office,* mas não podemos deixar de pensar no ambiente, o quanto é importante esse espaço dentro de casa estar adequado a um ambiente de trabalho.

Nos restaurantes, pensar no espaço para que as pessoas saiam daquela conveniência de pedir entregas em casa para viver uma experiência fora. Um restaurante precisa oferecer mais do que uma comida gostosa e um espaço bonito. Por que não um restaurante ter uma estação de trabalho, por exemplo?

Outro aspecto é projetar para idosos. Não podemos nos esquecer deles. Devemos pensar em como eles podem ter uma qualidade de vida melhor dentro de seus ambientes.

Já para os animais de estimação, que hoje são considerados membros da família, como adequar o ambiente para conviverem bem com todas as pessoas da casa?

Aquela empresa que somente comercializava seus produtos online ou por catálogo se vê na necessidade de ter também um espaço físico para possibilitar que mesmo que a pessoa compre online ela tenha como experimentar, testar o produto. As compras na Natura Cosméticos, por exemplo, eram somente por catálogos, mas, hoje, há lojas em que o cliente pode testar o produto. Essas lojas têm um design que conversa com a marca, com materiais que lembram a natureza, com tons terrosos, com vegetação pela loja. Quando alguém olha a marca, já sabe que é o símbolo da empresa, mas hoje é possível olhar a loja e não ver a marca, mas saber também que ali se trata da Natura, então, mais uma vez, a marca precisa ter a identificação dela no espaço e o espaço, a identificação da marca.

Quando falamos de empresas, a Google e a OLX são grandes exemplos de inovação em seus escritórios. Esse novo modelo de empresa traz experiências diárias para seus funcionários. Empresas que entenderam que um bom ambiente para trabalhar aumenta a produtividade do funcionário e colabora com sua saúde mental e psicológica.

Existem várias maneiras dentro da área de interiores de fazer que isso aconteça, com técnicas e metodologias atuais e diferenciadas.

Dependendo da proposta a ser executada dentro do projeto, é necessário envolver psicólogos para analisar comportamentos e profissionais da área de marketing para trabalhar em pesquisas e conseguir ambientes interativos e extrair do usuário o que pode contribuir com um ambiente agradável, produtivo e criativo.

O escritório da Google na Suíça possui ambientes únicos e inovadores, ambiente de jogos, escorregador, interação entre estações de trabalho e espaços para pequenas reuniões com design de mesas de restaurante, um excelente trabalho de iluminação para cada ambiente, trazendo uma leitura diferente para experiências diferentes em cada espaço, poltronas, luminárias, mesas com design diferenciado, espaços lúdicos.

O escritório da OLX no Brasil, que fica no Rio de Janeiro, é um espaço que tem um trabalho excepcional de acústica, visto que os ambientes são totalmente abertos, com área para música, jogos etc. Possui dois escorregadores com piscina de bolinhas, um lugar totalmente estimulante, ambientes interativos, pensados estrategicamente.

Temos o exemplo da loja das Havaianas, na Rua Oscar Freire, em São Paulo. Essa loja, mesmo que não haja interesse em adquirir o produto, estimula você a entrar e viver aquela experiência ali. Um modelo de loja com design bastante interessante, tem experiências sensoriais, tecnologia nos atendimentos, espaço para personalizar o produto, onde você mesmo pode montar sua Havaiana, recursos de acessibilidade, entre outros.

E mais uma vez, para ressaltar a importância dessa profissão e lembrar que tem várias áreas de atuação, a loja também usou o design de interiores cenográfico e criou para o lançamento da campanha Viva o Verão, a aplicação prática de *Brand Sense,* levando o cliente para as belezas naturais de Jericoacoara, no Ceará. Tem uma comunicação visual com painel de led e o som da beira da Lagoa do Paraíso, tem aroma nas sandálias e espreguiçadeiras no formato de sandálias, por exemplo.

Esse tipo de experiência no espaço não se limita somente a escritórios dentro de empresas, lojas ou restaurantes, mas pode ser aplicado até mesmo em hospitais para que a experiência do paciente seja menos traumática, difícil e dolorosa.

Não importa se você tem um pequeno ou grande negócio, é de extrema importância se adaptar às mudanças que acontecem, pois contratar um designer de interiores não se trata de luxo e, sim, necessidade.

Convido você a refletir sobre este assunto e, quando pensar em criar seu negócio, ou repaginá-lo, considere a contratação de um profissional de design de interiores para o sucesso de sua empresa.

Desejo sucesso em seus negócios.

08

BREVE RELATO DE FATOS QUE ACONTECERAM NO INÍCIO DA MINHA CAMINHADA COM A ESCRITA

Neste capítulo, você não lerá apenas um conteúdo ou uma história linda, e sim alguns fatos reais sem curvas e diretos, que, com certeza, vão agregar algo em sua vida.

EUCLIDES FILHO

Euclides Filho

Nascido em Pedra Preta, Mato Grosso, em 1986, desenvolveu sua paixão por escrever aos 6 anos, criando poemas durante suas tarefas diárias. Apesar das críticas no Orkut, continuou a escrever e se formou no Ensino Médio. Aos 22 anos, descobriu sua paixão pela fotografia e, em 2012, seu maior amor, sua filha Kamilly Yasmin, nasceu. Durante a pandemia, reuniu textos para um e-book, mas o projeto não se concretizou. Em 2022, participou das obras *Coletânea Bienal* e *Mestres em ação*, marcando uma nova fase em sua vida. Agora, participa do projeto *O mapa do sucesso empresarial,* confiante de que será um sucesso.

Contatos
Twitter: @frutosonho
Kwai: @frutodeumsonho
YouTube: frutodeumsonho
Tik Tok: @frutodeumsonho
Facebook: frutodeumsonho
frutodeumsonho@gmail.com
Instagram: @frutodeumsonho
66 99631 9898

Eu, Euclides Filho, nasci na Cidade de Pedra Preta, no Mato Grosso. Até os anos 2000, minha família e eu morávamos apenas em zona rural. Em 1989, nos mudamos para uma fazenda onde não havia transporte com combustão. Era apenas uma charrete, com a qual percorríamos 3 km para chegar a uma estrada municipal para achar carona. Em 1990, minha irmã quebrou o braço. No dia seguinte, pegamos a charrete e, antes de o sol nascer, já tínhamos chegado à estrada municipal, onde ficamos até às 13 horas para conseguirmos carona para chegarmos até Jaciara, outra cidade do Mato Grosso. Meu pai ficou chateado com a situação e pediu demissão para o patrão. Com isso, ele vendeu a charrete para comprar um Fusca vermelho motor 1.300.

Aos 6 anos, minha irmã Thais Carla e eu começamos nossa jornada na escola. Andávamos 4 km para chegar até lá, alguns dias íamos a pé, a cavalo, e em outros meu pai nos levava. No ano seguinte, meu irmão Eurivan começou a ir conosco. Estudamos até 1995 na fazenda. No ano seguinte, começamos a estudar em Dom Aquino, também no Mato Grosso. Meu pai levava a gente até uma fazenda vizinha para pegarmos o ônibus para irmos até a escola. No retorno, chegávamos por volta de 12h30, pois o ônibus saía da BR para deixar outros alunos e por isso demorávamos a chegar em casa.

Em setembro de 2000, mudamos para o Pará, onde enfrentamos novos desafios. Como não tínhamos energia elétrica e nem água encanada, meu irmão e eu buscávamos água no vizinho de bicicleta para fazer comida. Já para lavar a roupa, minha mãe lavava no rio que tinha a 1 km de nossa casa. Depois de um certo tempo, meu pai furou um poço para nós em casa.

Era tudo distante. Morávamos na Vila Isol, no quilômetro 1.000, e demorávamos em média de um a dois dias para chegar até a cidade por causa do atoleiro. Em 8 de novembro de 2003, saí do Pará e me mudei para Pedra Preta, no Mato Grosso, onde resido até este momento.

Na minha época de escola, nunca gostei de estudar. Eu ia obrigado e tinha muita dificuldade na escrita e na leitura, pois não sabia definir a diferença das letras, por exemplo, n e m, p e b, x e s, x e ch, t e d, entre outras. Com o passar dos anos, percebi que era necessário aprender e aos poucos fui melhorando. Hoje sou mil vezes melhor, mas tenho que aprender muita coisa ainda.

No período que morei com meus pais, eu não tinha acesso a televisão, rádio ou qualquer meio audiovisual, pois a religião deles não permitia. Comecei a trabalhar desde cedo, ajudava com as criações e aos 7 anos já tirava leite. Eu era tão pequeno que não conseguia juntar as pernas da vaca, mas já andava a cavalo, limpava a casa e recolhia a roupa.

Desde os 6 anos, eu já pensava nas coisas que escrevo hoje; eu vivia falando na mente e quando estava só. Aos 15 anos, fiquei muito ruim, pensei que iria morrer. Depois de alguns dias internado, encontraram minha situação clínica: pâncreas infeccionado, gastrite, água nos pulmões, e entre um e outro exame descobriram que meu coração não batia corretamente, em alguns momentos era muito fraco. Para mim, o pior foi a gastrite, pois eu já não comia de tudo e tive que fazer uma dieta rigorosa, mas, graças a Deus, fui curado.

Ia para a escola e voltava a pé para fazer caminhada para fortalecer o coração. A parte ruim é que quando passava caminhão me enchia de poeira na BR-163. Nessa época, a BR no Pará ainda não era asfaltada.

Aos 16 anos, escrevi minha primeira imaginação em formato de texto, no dia 3 de março de 2003. Nela, o peão se apaixonava pela mocinha, e na história eles tiveram três filhos.

Na minha infância, passei por momentos difíceis com meu pai e pensei várias vezes em sair de casa. Tentei sair e fiquei 45 dias fora de casa, e o bom dessa história é que eu não falei que não voltava, só era minha mente.

Aos 19 anos, fui para o quartel do 18º Grupo de Artilharia e Campanha (18º GAC) em Rondonópolis, no Mato Grosso. São cinco dias no período da apresentação, e eu morava em Pedra Petra, que ficava a 26 km de distância. Eu ia de bicicleta por não ter condições de pagar a passagem de ônibus. Tinha apenas R$ 5,00. Eu me lembro que tinha uma bolacha que custava R$ 1,00. Dava certinho para eu tomar café todos os dias. Eu ia de shorts e tomava banho em um posto de combustível no trevo, a uns 700 metros do 18º GAC, porque no quartel não pode entrar de shorts. Não tinha vagas para os 46 conscritos, e eu seria o que não iria servir, porém, aconteceu algo com um e então eu fiquei no lugar dele.

Nos últimos dias, nós ficávamos até por volta das 13 horas. Somente no último dia que decidiram que eu iria servir. Como eu não tinha cortado o cabelo ainda, tive que esperar para cortar, e foi por volta das 15 horas que saí de lá. Como não tinha condições para almoçar e voltar para casa, fui ao banco de sangue para fazer doação, porque assim eu iria comer algo. Eu me lembro perfeitamente da moça me perguntar se eu tinha dormido bem e se eu havia me alimentado. Eu fiquei sem opção e tive que mentir. Disse que sim, pois se dissesse que não tinha dormido e nem me alimentado eles não fariam a coleta do sangue. Ela me perguntou se eu queria beber algo. Nem esperei ela fechar a boca e falei que sim. Eu era meio tímido nessa época ainda. Tomei suco e comi muito. Em seguida, foram fazer aquelas perguntas de protocolo de sempre. Certo dia, contei para um amigo, e ele me chamou de louco, pois como que eu tiro 400 ml de sangue e ando 30 km no sol, de bicicleta? Eu disse que não tinha outra escolha e Deus estava comigo. E assim cheguei bem em casa.

Teve outra situação. Havia uns oito meses que eu estava no quartel quando eu, dois soldados e o cabo do dia fomos levar os fuzis para o oficial do dia na sala do tenente. Sempre que íamos à armaria, era preciso falar o número do fuzil para pegá-lo e assinar o nome no livro, e quando estava de plantão na bateria que íamos deixar o fuzil com o oficial do dia, sempre tínhamos de falar o número do fuzil e, nesse dia, saí da armaria até a sala do oficial falando o número do fuzil para não esquecer. Quando chegou minha vez de entregar, eu falei o número corretamente e o tenente deu os parabéns, mas o soldado 18, que estava atrás de mim, disse: "Tenente, ele veio da armaria até aqui falando o número do fuzil." O tenente disse: "Deu um de safo."

Nessa época, comecei a fazer as terapias pelo quartel. Primeiro, passei pelo psiquiatra e ele disse que o meu problema não era com ele, e sim com uma psipedagoga. Fiz sessões por dois meses, e depois passei para uma psicóloga e um fonoaudiólogo. A psicóloga disse que acreditava que eu tinha dislexia, mas nunca me deram um laudo.

Em 2008, comecei a fotografar. Não porque eu gostava, mas, sim, porque eu achava que meu primo Joilson Viana ganhava dinheiro fácil. Com alguns meses, vi que não era fácil, porém, me apaixonei e sou apaixonado até hoje. Depois, fui trabalhar na portaria em uma empresa multinacional. Fui me soltando mais, comecei a escrever meus textos no Orkut (uma rede social já extinta), mas nunca fui apoiado, e zoavam comigo por dois motivos: primeiro porque eu escrevia muito errado, e segundo por meus textos serem muito apaixonados. Pensei em desistir, mas escrever para mim não é uma dificuldade e nem planejo para isso, é tudo muito natural, vem na mente com muita facilidade.

Em 2010, quando eu trabalhava na portaria da empresa multinacional, Patrícia, que era minha colega de trabalho, me perguntou: "Por que você não escreve um livro?" Eu, com muita ignorância, dei risada e respondi: "Como vou escrever se não sei o português?" Ela me disse que eu era muito negativo, mas que tinha potencial.

Os anos passaram e eu continuei escrevendo, pois alivia minha mente e minha alma. Cada situação, cada momento, em certos dias eu consigo fazer textos a partir de um sorriso, uma lágrima, um olhar apenas. O toque de uma música, o Sol, a Lua, tudo isso é motivo para que eu escreva.

Com 30 anos, ninguém da minha família sabia que eu escrevia, não sei por quê. No dia em que minha mãe falou que não se lembrava de nada da minha infância sobre isso, chorei muito, pois para mim ela sabia.

Comecei a morar sozinho desde cedo, quando tinha 14 anos, e até essa época minha mãe e eu não tínhamos o hábito de conversar. Hoje somos abertos e conversamos sobre tudo. Pode ser por isso que ela não sabia sobre meu dom.

No início de 2019, ao procurar por serviços de marketing para o meu Instagram, acabei sendo incentivado a escrever um livro por causa dos meus textos. Durante a pandemia, iniciamos o projeto, porém não concluímos devido a contratempos pessoais. Em 2021, retomei o interesse após receber elogios por um texto postado. Em seguida, uma colega procurou editoras até encontrarmos uma que se interessou pelo meu trabalho. Assim, publiquei meu primeiro livro, *Coletânea Bienal*, seguido por *Mestres em ação*. Mais recentemente, em 2023, fui convidado a participar do livro *O mapa do sucesso empresarial* pela coautora Bruna Werling Navas Machado, após ela se encantar com minha biografia. É gratificante ver como minha história tem inspirado outros autores e como meu caminho na escrita continua a se desenvolver.

Uma pessoa que me ajudou muito a continuar escrevendo foi minha prima Maria Eduarda. Eu me lembro de ela olhar e dizer que era melhor eu fazer vídeos em vez de escrever, pois ela não entendia minha letra. Ela estava aprendendo a ler, e mesmo sendo apenas uma criança, me apoiava de uma maneira incrível. Atualmente, Maria Eduarda tem 10 anos, mas sempre me apoiou, sendo a única pessoa da minha família que me apoiou e que comentava sobre meus vídeos. Além dela, o motivo para eu continuar escrevendo também é a minha filha, Kamilly Yasmin, pois eu a amo. Hoje tenho outras pessoas que me apoiam pelo fato de eu ter escrito outros livros, mas no começo era só minha prima mesmo. Quando ela me apoiava, eu não tinha ideia de que escreveria um livro.

Em 2022, o vereador de Pedra Preta, Lenildo Augusto, fez uma moção de aplausos para mim. Foi um momento muito importante, pois fui reconhecido em meu município. Tenho o sonho de fazer um livro de minha autoria com textos motivacionais, um reflexivo e um romântico, pois o romance é minha maior habilidade.

Hoje as pessoas já me veem com outros olhos sobre eu ser escritor. Por volta do mês de abril de 2023, um rapaz me perguntou se eu tinha novos projetos, e eu disse que ainda não. Agora, no mês de novembro de 2023, estava em um restaurante quando ouvi uma voz me chamando. Olhei para trás, e era uma professora da rede municipal de Pedra Preta. Ela me perguntou se eu tinha projetos para 2024. Respondi que sim, que estava escrevendo outro capítulo para um livro. Ela ficou entusiasmada e disse que ia querer um exemplar. E assim se vai.

Eu creio que agora as barreiras vão sendo mais leves por dois motivos: primeiro, porque as pessoas, mesmo sem acreditar, estão vendo minha evolução. Hoje isso tudo não me afeta. Eu lhe digo, meu amado leitor, que se eu consegui você também consegue, porque todos nós somos iguais perante Deus. Ele ama cada um de nós com o mesmo amor, basta você continuar. Eu creio que Deus fica mais feliz com um filho que não sabe caminhar do que com aquele que sabe e não faz nada nem para si nem para o seu próximo. Certo dia, eu estava muito mal e, ao chegar ao meu trabalho, vi um texto meu que diz: "Não use suas dificuldades como muletas. Aprenda a se livrar delas e siga seu caminho com sabedoria e leveza." Esta frase mexeu muito comigo. Eu creio que a li no momento certo. Nunca tive inspirações para escrever porque eu não lia. Em 2010, conheci o Dr. Lair Ribeiro, e ele me inspirava sobre a vida, como ser uma pessoa melhor, alimentação e outras coisas. Os vídeos dele apareciam no YouTube sem pesquisar. Ele me inspira até hoje.

Eu morei sozinho praticamente a minha vida toda depois dos meus 14 anos. Fui casado por um período de três anos, mas sempre fui sozinho, e eu sempre reclamava dizendo que não conseguia fazer as coisas por falta de tempo, porque eu tinha que fazer de tudo, lavar roupa, passar roupa, limpar a casa. Tudo era eu, só que chegou um certo momento e eu descobri que isso era apenas uma muleta que eu carregava comigo mesmo, por que a gente tem que fazer o que tem para ser feito e não ficar colocando obstáculos.

Meu leitor, não viva vendo a vida passar, nem rolando o *feed*. Viva o momento e o agora. O ontem já se foi e o amanhã não conheço ninguém que viveu para contar como é, então afirmo: aprecie o momento com muito amor, sabedoria e delicadeza; ande olhando para o horizonte, para aonde quer chegar, porém, não espere sorrir só na chegada. O segredo da vida nunca será a chegada e, sim, o percurso. Nesse percurso, você encontrará diversas pessoas com diferentes ideias. Assim, você aprenderá inúmeras coisas e verá que existem tantas possibilidades. Muitos vivem um sonho. Vou lhe dizer: o sonho só é o ponto de saída. Transforme-o em um plano e o execute. Muitos irão ridicularizá-lo. Preste muita atenção, pois esses mesmos irão aplaudir você de pé. São os mesmos que nunca fazem nada e nem vão fazer, porque não têm um foco, sendo assim, têm tempo para olhar a vida alheia, e mesmo que você acredite que não é possível, eu lhe digo que você pode desde que caminhe. Deus é luz e o caminho, portanto, as pernas sempre serão suas.

09

MULTIEMPREENDEDORISMO

Na primeira empresa, um surto empreendedor e muitas horas de atividades operacionais. A partir da segunda empresa, empreendedor casca grossa do início ao sucesso.

GILMARCIO
ZIMMERMANN MARTINS

Gilmarcio Zimmermann Martins

Pai de duas filhas lindas. Esposo. Filho. Irmão. Farmacêutico industrial e bioquímico. Mestre em Fármacos e Medicamentos pela FCFRP/USP. Doutor em Fármacos e Medicamentos pela FCFAR/UNESP. Especialista em farmácia estética. Fundador e diretor do Grupo GZM, que compreende as empresas GZM Academy (empresa de cursos e consultoria na área da saúde e estética), GZM Clínica de Estética e Saúde Avançada (clínica de saúde e estética) e GZM Evolution (empresa de treinamento e desenvolvimento empresarial e marketing). Professor universitário no curso de Estética e Cosmética. Coordenador de curso de graduação em Estética e Cosmética. Professor de curso de especialização em Saúde Estética e Cosmética. Ex-professor universitário nos cursos de Farmácia e Agronomia. Ex-coordenador de curso de Farmácia. Ex-delegado regional da seccional de Barretos do Conselho Regional de Farmácia do Estado de São Paulo – CRF/SP.

Contatos

www.gzmacademy.com.br
gilmarcio@yahoo.com.br
Instagram: @dr.gilmarcio_martins
@gzmacademy
YouTube: GZM Academy – Dr. Gilmarcio Z. Martins
Facebook: Gilmarcio Zimmermann Martins
Telefone: 16 99601 9454
Whatsapp: 16 99767 9454

Um adolescente tímido, envergonhado, com poucos amigos, com muita vergonha de conversar com as pessoas, que tinha vários desejos e sonhos futuros, desde ser um profissional da área da saúde até ser um piloto de avião, sem nenhum foco profissional nem empreendedor. Sempre motivado a ser um *expert* em uma determinada área para conseguir uma função estável e segura.

Vindo de uma família de classe média alta, sendo meu pai um homem íntegro, funcionário público, com uma ascensão profissional extraordinária, com alto salário, sempre pensei em uma aposentadoria para manter o padrão de vida da família estável, sempre investi em previdência privada e assim mantenho até hoje o mesmo padrão de vida.

Em contraponto, minha mãe, sempre sonhadora, desejava montar seu próprio negócio, fazer seu próprio horário de trabalho, ter uma renda maior e empreender. Empreendeu no ramo de vestuário, semijoias e artesanato. Na década de 1990, foi proprietária de uma loja de vestuário masculino e feminino, adulto e infantil, focada em uma única marca.

Em 1993, após desligamento de uma vendedora, abriu essa vaga para contratação e questionei minha mãe sobre quais as características necessárias o colaborador deveria ter para realizar aquela função. Foi quando minha mãe explicou que ela precisava de alguém para ficar na loja no mínimo por meio período, atender as clientes, vender e manter organizada a empresa.

Ela me descreveu as atitudes, habilidades e competências do colaborador de que ela precisava na empresa. Naquele momento, eu a questionei: "Por que em vez de você pagar um colaborador externo, enviar o dinheiro da empresa para outra família, você não deixa o dinheiro aqui em casa, me pagando para ser esse colaborador?" Este foi meu primeiro surto empreendedor e o surto de loucura de minha mãe, por ter falado "Sim podemos tentar".

Imaginem um adolescente de 13 anos em seu primeiro emprego, sem nenhum perfil para a vaga que ela desejava, até porque quando visitava minha mãe na empresa dela, nunca conversava com nenhuma cliente e ficava sempre escondido entre duas araras de roupas para ninguém me encontrar e conversar comigo.

No dia seguinte, enquanto minha mãe se arrumava para ir trabalhar, cheguei para ela e disse que estava pronto para começar e fui, mesmo tímido, sem conversar com ninguém e extremamente introspectivo, mas com desejo, foco, vontade e atitude de que eu conseguiria desempenhar todas as atribuições que me fossem confiadas naquele momento.

No primeiro e segundo dias, acompanhei minha mentora em como ela atendia, como era o comportamento durante as vendas. No terceiro dia, tomei a iniciativa e, ao entrar uma cliente na loja, disse a minha mãe: "Eu atendo. Pode deixar!" Por dentro um medo, ansiedade, angústia, por que não desespero, mas por fora, expressão corporal firme, de quem já fazia aquilo há muito tempo. Um sorriso no rosto, expressão de confiança na face, fui em direção à cliente e iniciei o atendimento e a venda.

A pergunta que não quer calar neste momento é: vendi para a minha primeira cliente? Lógico que não. Todo empreendedor de sucesso sabe que você vai receber mais não do que sim na área de vendas, mas o importante é manter a persistência, a constância e o foco, pois cada atendimento é uma oportunidade de crescimento pessoal para melhorar seu processo e atender melhor o próximo cliente, pois assim venderá cada dia mais.

Trabalhei lá por quatro anos, muitas vendas, com altas variações de rentabilidade. Analisando hoje, muito por falta de conhecimento de gestão administrativa avançada. Desde o primeiro dia da empresa, havia uma gestão empresarial, financeira e não empreendedora, sem um planejamento futuro bem-organizado e um plano de ação implementado.

Em 1997, deixei a empresa para me transformar em um farmacêutico industrial, com muitos amigos e uma boa oratória, mas no final do quarto semestre, em virtude do aumento dos gastos educacionais com meu irmão e minha irmã e pelo fato de a universidade que escolhi ter mensalidade alta, foi necessário conseguir uma bolsa de estudos em um projeto de pesquisa na área da saúde, já em desenvolvimento, para dar continuidade aos meus estudos.

Ao ingressar no projeto, observei que havia processos estruturados de acompanhamento e desenvolvimento das técnicas e dos relatórios com resultados iniciais, mas faltava planejamento estratégico, plano de ação estruturado e protocolos padronizados e validados dos processos necessários para chegar aos resultados esperados. Ao entender isso, em colaboração com as orientadoras, foi elaborado um plano estratégico para chegar à conclusão do trabalho dentro de dois anos e, com propostas de continuidade para mais dez anos, a visão futura do empreendimento, independentemente de qual seja, tem que ser determinada.

Após isso, foi estruturado, discutido e implementado um plano de ação para alcançar o objetivo proposto. Foram determinados o número de experimentos necessários durante o ano, o semestre e os meses para conseguirmos alcançar o objetivo traçado. Dois anos de muita dedicação, com hora para entrar e sem hora para sair, afinal, o objeto de pesquisa eram seres vivos, então tinha que tratar deles durante todos os sete dias da semana, sem descanso, sem feriado, sem férias.

O planejamento da minha vida paralelamente foi importante para não enlouquecer e não ficar doente de tanto trabalhar. Você entenderá depois dos primeiros anos como empreendedor, pois terá que abdicar de muitos momentos da sua vida para colher os frutos depois.

Com essa dedicação, trabalho e foco nos resultados, concluí a graduação em 3 de fevereiro de 2001, formei-me como farmacêutico industrial, momento de muita alegria, ainda mais porque fui agraciado com uma menção de aluno destaque da turma e, em 3 de março de 2001, exatamente um mês após minha colação de grau, ministrei minha primeira aula na faculdade, onde fui convidado a assumir as aulas da minha orientadora enquanto ela realizava o doutorado. Sim, após trinta dias da minha formatura, fui aprovado no mestrado e iniciei minha vida docente.

Duas atividades distintas, projetos completamente diferentes, mestrado e ministração aulas, ocorrendo simultaneamente, dedicação integral ao mestrado mais 14 horas/aula dentro da sala de aula. Loucura, muitos vão pensar, pois para ministrar as 14 horas de aula eu ainda precisava prepará-las.

Planejamento, organização e disciplina são as palavras mágicas para esta fase da minha vida. Estruturei como iria me dividir ao longo da semana para realizar as atividades, que eram necessárias para minhas duas atribuições principais, afinal de contas, com 21 anos, ainda tinha toda a minha vida social, amigos e familiares para contemplar e aproveitar aos finais de semana.

Elaborei um planejamento estratégico para cada uma das atividades em separado, um plano de ação anual, semestral e mensal para cada uma delas. Só depois de bem estruturada essas duas etapas, montei os planos de ação semanal e diário juntando as duas atividades, assim tinha total clareza do que era necessário realizar dia a dia, semana a semana, para conseguir passar pelos três anos do mestrado com muita tranquilidade.

Você acredita que, por ter feito tudo isso, quando ingressei no mestrado e comecei a ministrar as aulas, os meus três anos de mestrado foram tranquilos? Lógico que não! Ajustes de rumo, apagar incêndios, rever o plano de ação semanal e diário e replanejamentos foram realizados durante aquele período, mas foram mais fáceis e mais assertivos do que se não tivesse um planejamento estratégico para cada uma das atividades.

No início do terceiro ano do mestrado, realizei uma especialização na área de Farmácia, a habilitação em Análises Clínicas, com duração de um ano e, ao final de 2003, já era mestre, especialista em análises clínicas e indústria farmacêutica e professor universitário. Como bônus, fui convidado para assessorar a coordenação do curso de Farmácia na faculdade em que ministrava aulas, iniciando assim um novo rumo na minha vida multiempreendedora.

Durante os anos de 2003 a 2017, aumentaram as atribuições na assessoria da coordenação, as aulas ministradas, ingressei como colaborador no conselho profissional, realizei no período de 2010 a 2013 o meu doutoramento, com um estágio na Universidade de Coimbra, em Portugal, e, ao retornar, assumi a coordenação do curso de Farmácia na instituição que me acolheu em 2001, alcançando assim minha principal meta, pensada no primeiro planejamento estratégico realizado em 2001, que era chegar a coordenador de curso.

Em 2015, comecei a planejar uma mudança profissional. Realizei uma nova especialização, agora em Farmácia Estética e, com a experiência empreendedora, em abril de 2016, montei minha primeira empresa, a PharmaStetic, uma clínica de estética e saúde avançada, na cidade de Barretos, em São Paulo, e, já em 2017, iniciei atividade na segunda unidade, em Ribeirão Preto, motivado pela vinda da minha primeira filha nesse mesmo ano, pois desejava ficar mais próximo da minha família, sem viajar muito, com planos ambiciosos e mais caseiros.

Nessa fase, continuei na coordenação do curso, com duas unidades e ainda como colaborador do conselho profissional. Como dei conta? Essa é a pergunta? Já respondo!

Sou casado desde 2010 com uma esposa maravilhosa, com foco profissional extraordinário, determinada e que sonha todos os sonhos junto comigo, um alicerce na realização dos meus sonhos e atividades, juntamente com meus pais e irmãos. Nessa fase, a família ajuda muito no desenvolvimento empreendedor, o foco no seu objetivo e a busca por dias melhores. Ambição é a palavra-chave do multiempreendedor de sucesso, pois todos os dias você agradece o que tem e almeja chegar ainda mais longe.

O multiempreendedor sempre está vislumbrando novas oportunidades para inovar e gerenciar o crescimento da empresa e depois delegar para colaboradores a gestão em fase de cruzeiro e expansão para iniciar uma nova oportunidade, por isso visão de futuro e decisões rápidas, objetivas e pautadas em dados são extremamente importantes para esse perfil empreendedor.

Em 2019, ministrava aulas na graduação e em pós-graduações. Foi necessário reorganizar as atividades e deixei o conselho profissional e da coordenação do curso e alavanquei a PharmaStetic em Ribeirão Preto. Em seis meses com foco total, ampliamos a empresa, quatro salas, quatro colaboradores e 40 horas de atendimento semanal a pacientes, rumo ao sucesso.

Visão estratégica para a empresa é extremamente importante. Cresça até o limite, após faça a ampliação, cresça novamente, amplie, e assim repetitivamente, e atualize sempre o seu plano de negócio, as estratégias, o organograma das funções e e dos colaboradores, conforme pensados no início do negócio e atualizado anualmente.

Em janeiro de 2020, após a ampliação da empresa, foi necessário o fechamento do comércio em virtude da pandemia da covid-19 por determinação do estado. Os atendimentos estéticos foram restringidos e a reinvenção comercial foi importante para sobrevier durante dois anos. Decisões rápidas, avaliar risco *versus* benefício com dados concretos e não com sentimentalismo foram fundamentais naquele momento. Desenvolver-se rapidamente com conhecimento e uma visão empreendedora externa dos seus empreendimentos foram características e atitudes importantes.

Naquele período, minha família foi abençoada com a vinda de mais uma menina, a segunda filha, em 2021. No meio do caos, quando passávamos pela pior variante da covid 19, contraímos essa doença quatro dias após o seu nascimento. Foram dois meses de muita luta, mas infelizmente meu sogro não resistiu. Um período de sentimentos antagônicos.

Nessa fase, trabalhamos muito de modo on-line, com cursos, *lives, podcasts* e muito mais conteúdo. Com isso, formatei o grupo GZM, um grupo empresarial que reúne uma série de empresas na área educacional e da saúde, focada para o desenvolvimento e alavancagem de profissionais da área da saúde para o sucesso empresarial.

Deixei as instituições de ensino em que atuava e montei a GZM Academy, uma instituição de desenvolvimento pessoal e profissional com profissionais da área da saúde para alcançar o sucesso profissional e pessoal. Por meio de cursos livres, treinamentos específicos, presenciais e online, além da comercialização, organização e execução de cursos na área da saúde, e as mentorias presenciais e online na área de gestão empresarial e vendas para a área da saúde, levo meus alunos ao seu desenvolvimento pessoal, com novas habilidades e atitudes, os quais vão desenvolvendo sua carreira profissional para serem pessoas valorizadas e de sucesso.

Além disso, a PharmaStetic foi incorporada ao grupo GZM e passou a ser denominada como GZM Clínica de Estética e

Saúde Avançada, onde são oferecidos os atendimentos estéticos e de saúde.

Em decorrência dos conteúdos online da GZM Academy, foi desenvolvido um estúdio de gravação com transmissões ao vivo ou gravadas, com as quais acessamos muito mais clientes do que no presencial, aumentando assim nossa rentabilidade e empacotamento de produtos e serviços, possibilitando ainda a locação do estúdio para que outros empreendedores possam realizar a gravação de cursos e *podcasts* no formato que desejarem.

E assim, com esses modelos, estamos realizando nossos cursos presenciais, que estão gerando muito mais conhecimento e habilidades aos nossos alunos.

Agora, para criar, implementar e gerenciar o grupo GZM, durante a pandemia de covid 19, enquanto muitos profissionais e empresários ficaram reclamando das ações tomadas para a extinção da pandemia, certas ou erradas, eu não tinha como interferir, mas podia fazê-lo nas ações do meu microcosmo para visualizar como chegaria ao final daquele período. Foi quando desenvolvi o grupo e para cada empresa foi criado um:

- Plano estratégico para o grupo GZM (também conhecido no mundo empresarial como plano de negócio).
- Planejamento estratégico para os próximos 10 anos do grupo GZM: como quero estar daqui 10 anos.
- Planejamento estratégico para os próximos 3, 5 e 8 anos do grupo GZM: em qual fase do desenvolvimento empresarial estarei nesse período para chegar aos 10 anos como desejo.
- Planejamento estratégico para o próximo ano do grupo GZM: anualmente, em novembro, pego os planos anteriores e monto o planejamento do ano seguinte, quando monto as estratégias necessárias para o ano seguinte chegar mais próximo da minha meta dos 10 anos da empresa.
- Plano de ação semestral e mensal do grupo GZM: o que preciso fazer mensalmente e durante o semestre para que eu consiga chegar ao final do ano do jeito que eu planejei e desejo.

- Plano de ação semanal e diário para o grupo GZM: mensal ou bimestralmente, elaboro o plano de ação semanal e diário que necessito executar para conseguir cumprir meu plano anual, e esse plano passo para todos os meus colaboradores para executarem da melhor maneira possível.

Somente com planejamento das metas futuras, que devem ser ambiciosas e exequíveis, é possível gerenciar e organizar diversas empresas.

Seu foco principal deve ser no ajuste do Plano Estratégico (pois você quer que as suas empresas estejam com 10, 20, 30 anos, assim por diante). Metas, objetivos, indicadores, resultados e reanálise devem ser sempre semanalmente, mensalmente, semestralmente e anualmente analisados para que você chegue ao seu objetivo.

Trabalhe estrategicamente com muita razão e pouco coração. Disciplina, coragem, organização e foco são as palavras mágicas de um multiempreendedor. Lembrando que a empatia com os colaboradores é fundamental. Desenvolva seu colaborador para trabalhar ao seu lado, assim, juntos, chegarão lá, da mesma forma como já cheguei e espero chegar ainda mais longe.

10

A IMPORTÂNCIA DA DIVERSIDADE E INCLUSÃO NO AMBIENTE DE TRABALHO

Neste capítulo, os empresários aprenderão que a diversidade e inclusão nas empresas não dizem respeito apenas ao preenchimento de cotas e, sim, à promoção de um ambiente de trabalho produtivo, com estratégias de mercado, impacto social e crescimento profissional. Desenvolver um ambiente de trabalho diversificado e inclusivo dá espaço para diferentes perspectivas e ideias e um salto para um melhor desempenho financeiro. A inserção de iniciativas de diversidade e inclusão em sua empresa será um fio condutor para estratégias e fechamentos de ótimos negócios, afinal, é o empreendedorismo que transforma o mercado.

JESSICA GOMES

Jessica Gomes

Advogada graduada pela Faculdade de Direito de Franca (2014), com pós-graduação em Direito e Processo do Trabalho (FDRP - USP). Certificada pela Câmara Brasileira de Mediação e Arbitragem para mediação e resolução de conflitos. Palestrante e idealizadora de programas para estudantes de cursos técnicos na área jurídica. Voluntária de projetos junto ao terceiro setor. Fomentadora do empreendedorismo e conscientização didática para empresários.

Contatos
jessica@advocaciajessicagomes.com.br
Instagram: @jessica_gomes_adv
LinkedIn: jessicagomes.advocacia
16 99161 5656

Inserindo a cultura da diversidade e inclusão em minha empresa

O mercado de trabalho segue uma sequência de constante evolução, na qual os(as) empresários(as), durante todo o ano de trabalho, tentam desvendar o mistério de como lidar com os percalços que uma empresa poderá enfrentar. Exemplo crasso, você, meu(minha) amigo(a) empresário(a), contava com a pandemia do Sars-Covid-19 decretada pela OMS em 2020?! Resposta: ÓBVIO QUE NÃO! A verdade é que não conseguimos adivinhar o que poderá ocorrer, porém com estratégias e planejamento, é possível colocar em prática aquilo que almejamos conquistar.

E qual o desejo de todo empresário?! Consolidação no mercado de trabalho, dinheiro no caixa, equipe pró-ativa, entre inúmeros exemplos que poderia explanar.

Você concorda que, quando a empresa evolui, o(a) empresário(a) precisa estar no mesmo ritmo? Afinal, é você que mantém sua ideia pulsante, e estar em sintonia com as novidades e o progresso do mercado de trabalho é o primeiro passo para o sucesso.

Garantir uma cultura inclusiva é fundamental para a formação de equipes mais diversas e em contrapartida refletirá no sucesso dos negócios de sua empresa.

Ao garantir a inclusão, o(a) empresário(a) fortalecerá o ambiente de trabalho, já que os colaboradores se sentirão respeitados e capazes de contribuir com os resultados da empresa, dando espaço para criações inovadoras, em diferentes olhares e perspectivas.

A diversificação da mão de obra, além de fomentar o mercado de trabalho, valoriza e fortalece o sentimento de pertencimento, respeito e colaboração, independentemente de diferença de raça, gênero, idade, orientação sexual, entre outros recortes de diversidade.

A legislação trabalhista enfatiza a importância da igualdade no ambiente de trabalho, proibindo qualquer tipo de discriminação, por isso, a necessidade de uma gestão efetiva na área de diversidade e inclusão, estando em conformidade com a lei e evitando litígios.

A diversidade e inclusão fazem parte do processo de desenvolvimento e sucesso de uma empresa. Para isso, é necessário trabalhar de maneira contínua com lideranças alinhadas com a cultura inclusiva, aplicando estratégias em conjunto com ações práticas de evolução.

Implantando ações evolutivas com a diversidade e inclusão

Existem diversas áreas que envolvem a diversidade e inclusão, e para contribuir com a transformação cultural e socioeconômica, destaco os seguintes pilares como principais ações para o desenvolvimento da rede em sua empresa, são eles: inclusão e letramento, desenvolvimento e representatividade.

Inclusão e letramento

Promove a segurança psicológica do colaborador, acompanhando o desenvolvimento pessoal com a atuação de profissionais capacitados, com ações inclusivas, treinamentos focados em raça, gênero, PCDs e comunidades trans, além do acolhimento para todas as pessoas sem nenhuma distinção.

O modo de desconstruir o ser humano, capacitando-o em políticas culturais afirmativas contribui na formação de um profissional com diferentes perspectivas e transformações significativas no mercado.

Desenvolvimento

Possibilidade de promover lideranças inclusivas, contribuindo no desenvolvimento técnico, por meio de programas de mentorias, vagas internas, treinamentos com foco profissional e incentivos para cursos sobre temas inclusivos.

Representatividade

Quebrando tabus sociais, implementando vagas afirmativas, promovendo programas de contratação e captação de candidaturas de pessoas de grupos minorizados, dando visibilidade para comunicação e inclusão desses grupos.

A implementação dessas ações deverá ser realizada de modo consciente, consistente e transversal, ou seja, a empresa fomentará práticas de diversidade e inclusão, priorizando a construção de estratégias de diversidade de maneira efetiva. Mesmo que seja realizado em curto, médio ou longo prazo, o foco é colocar em prática.

Construir um projeto de diversidade e inclusão é apenas o pontapé inicial para a realização de mudanças estruturais dentro da empresa, avaliando os resultados dessas práticas e medindo o impacto no dia a dia de trabalho.

Aplicar o conceito da diversidade e inclusão na prática certamente é algo que fará a diferença nos resultados de sua empresa.

Trabalhando com a diversidade e inclusão no dia a dia

A evolução de práticas de diversidade e inclusão ocorre de maneira gradativa e lenta.

Esta situação ocorre pois ainda existem muitos problemas sociais que refletem na mudança de conscientização e também o empenho das empresas em acompanhar o progresso e a promoção dos direitos humanos.

Ter hoje como colaboradores pessoas de diferentes pensamentos, culturas e etnias torna a empresa mais pluralizada e democrática, trazendo benefícios não apenas para a empresa como também as pessoas que nela trabalham.

A OIT (Organização Internacional do Trabalho), em recente pesquisa feita com quase 14 mil empresas, destacou que 60% delas apresentaram aumento de lucro após a implementação de iniciativas de diversidade e inclusão.

A Harvard Business Review apresentou um estudo em que os dados mostram que as empresas que possuem iniciativas de diversidade possuem colaboradores 17% mais dispostos a se engajar e colaborar com os objetivos da empresa, ou seja, contribuindo ao gerar engajamento empresarial, consequentemente, a empresa cresce e se destaca no mercado de trabalho.

Promover a diversidade e inclusão no ambiente empresarial diminui a ocorrência de conflitos internos, uma vez que existe respeito de opiniões e pontos de vista, abrangendo ricas discussões acerca dos assuntos do trabalho.

A partir do momento em que você, na qualidade de empresário ou empresária, decidir aplicar o conceito de diversidade e inclusão, haverá mudanças de conscientização, maior criatividade e inovação, além de despertar interesses em novas ideias e descobertas.

Trata-se de sair da zona de conforto e pensar em soluções e métodos diferentes em busca de resultados, afinal, o mercado de trabalho é uma caixinha de surpresas. É necessário mudar o novo.

Lembre-se de que a sociedade e o mundo empresarial estão passando por um processo de entendimento sobre diversidade, e erros acontecem a respeito do tema diariamente, portanto, é necessário aceitar a vulnerabilidade e aprender e melhorar.

Foi dada a largada para a implementação da diversidade e inclusão em sua empresa. Não perca esta oportunidade de fazer diferente.

Referências

HEINEN, J. Políticas sociais e familiares. In. HIRATA, H. (Org.). *Dicionário crítico do feminismo*. São Paulo: UNESP, 2009.

MILLI, J. et al. *The Impact of Equal Pay on Poverty and the Economy.* Institute for Women's Policy Research, Washington, C445, abril 2017. Disponível em: <https://www.jstor.org/stable/resrep34483?seq=1>. Acesso em: 10 jul. de 2024.

WORLD ECONOMIC FORUM. *Global Gender Gap Report 2022.* Geneva: World Economic Forum, 2022. Disponível em: <https://www.weforum.org/publications/global-gender-gap-report-2022/>. Acesso em: 10 jul. de 2024.

11

INTELIGÊNCIA FINANCEIRA
O CAMINHO PARA A LONGEVIDADE DO SEU NEGÓCIO

A função de um guia é compartilhar informação de modo a orientar, mostrar caminhos e dar direções. É isso que você vai encontrar neste capítulo: caminhos e possibilidades para aprimorar sua tomada de decisão e sua gestão financeira. Mais do que conceitos, ferramentas e metodologias, convido você a olhar para as finanças sob uma perspectiva diferente.

LARISSE MICUCI

Larisse Micuci

Contadora e economista comportamental (FIA) com especialização em *Neurobusiness* (FGV) e foco em PMEs, tem se dedicado a compreender e apoiar o micro e pequeno empreendedor na tomada de decisão financeira. Como pesquisadora, criadora de conteúdo e palestrante sobre o tema, propaga o poder da contabilidade como ferramenta de gestão e elo entre a *big data* e o comportamento humano, e a importância da educação financeira. E como diretora na 2Emmes Contabilidade e criadora do MM Finlab, desenvolve, na prática, essa visão, buscando trazer dados, *insights* e reflexões que visam levar ao crescimento sustentável do negócio e ao empoderamento dos empreendedores.

Contatos
larisse@2emmes.com.br
Instagram: @larimicuci
LinkedIn: Larisse-micuci

Você já deve ter se deparado com inúmeras dicas, passo a passo, ferramentas, entre tantos outros conteúdos sobre finanças pessoais ou de negócios. Certamente, muitos deles fizeram sentido e você tentou aplicar, uns com sucesso, outros nem tanto. Quantos se tornaram parte do seu dia a dia? E se não se tornaram, onde foi que deu errado?

Estou falando de finanças, mas essa situação pode ter acontecido em qualquer área de sua vida ou de sua empresa: alimentação, exercício, vendas, gestão de pessoas.

Já ouviu falar sobre o erro de Descartes? René Descartes é o filósofo por trás da frase "Penso, logo existo", que resume toda uma ideia que temos sobre nós, humanos, como seres racionais. E qual, então, o seu erro? Segundo o neurologista Antonio R. Damásio, está em não levar em consideração a influência (e por que não a relação de dependência) que a emoção tem sobre a razão.

Damásio reformulou a célebre frase de Descartes para: "Existo (e sinto), logo penso." A essa altura, você deve estar se perguntando o que gestão financeira tem a ver com isso. Ora, por muito tempo acreditamos que somos seres racionais que tomam decisões voltadas para maximizar nosso resultado, de maneira lógica e considerando a relação custo x benefício. Essa é a base da Economia Moderna tradicional.

Hoje vem ganhando espaço a abordagem da economia comportamental, que nos mostra mais humanos, como seres formados por um conjunto de sentimentos, emoções, crenças, experiências, aprendizados, que têm a capacidade de pensar, ou seja, atribuir significado, fazer correlações e associações, planejar etc. Tal e qual a perspectiva de Damásio.

Levamos, sim, em consideração prós e contras, custos e benefícios, dados e informações, na tomada de decisão. É claro que queremos sempre tomar a melhor decisão. Porém, precisamos entender e assumir que muitas vezes tomamos decisões de maneira meio automática, baseados em experiências anteriores, pré-julgamentos e que, também, somos influenciados por como estamos nos sentindo no momento ou com determinada situação.

É por isso que, muitas vezes, não conseguimos colocar nem manter em prática coisas que sabemos ser importantes – por mais que façam sentido, que saibamos o que ou como fazer e que tenhamos conhecimento de ferramentas ou metodologias. Robert Kiyosaki, autor do livro *Pai rico, pai pobre*, tem uma frase que eu adoro: "Quando a emoção é intensa, a inteligência sai de cena."

E assim gerimos nosso dinheiro, em casa e na empresa. Compramos coisas que fogem do orçamento estipulado e depois ficamos arrumando justificativas; contratamos colaboradores e fornecedores porque o "santo bateu", ou deixamos de contratar porque "não bateu"; e assim vai. Aqui temos o famoso e contemporâneo "Quem nunca?".

Erros acontecem, e vão continuar acontecendo. Mas temos visto a importância de errar rápido e aprender com eles mais rápido ainda – mentalidade que as *startups* e empresas inovadoras e disruptivas nos trouxeram.

Portanto, além de conhecer conceitos, técnicas, ferramentas e de prestar atenção em dicas, etapas e fórmulas, é preciso estar atento e conhecer VOCÊ mesmo! Com essa perspectiva, você poderá aplicar todos eles com consciência e maior chance de bons e duradouros resultados.

Este guia é, na verdade, uma série de tópicos que vão conduzir você à reflexão sobre pontos importantes que influenciam sua tomada de decisão e sua gestão financeira separados em dois blocos: você e o dinheiro e gestão na prática. O intuito não é ser um guia linear, com uma estrutura de passo a passo; apesar de seguir uma sequência lógica, cada tópico pode ser estudado e aplicado de modo independente.

Você e o dinheiro

Qual a sua história e o seu momento?

O livro *A psicologia financeira* traz a ideia de que as pessoas vivenciam o dinheiro de maneiras diferentes, pois foram moldadas por experiências únicas, e que não faz sentido esperar que respostas, estímulos, ações, percepção de valor sejam iguais perante a mesma informação ou situação.

Por isso, é muito importante compreender de maneira genuína o que trouxe você até aqui, sobre todas essas experiências únicas que o transformaram no que você é hoje. E tão importante quanto, é determinar qual seu contexto atual. Seus sonhos, necessidades, desafios, rotina mudam conforme seu momento de vida. Entenda e aceite isso. Algumas coisas que o seu "eu adolescente" queriam ou faziam permanecem até hoje, mas quantas delas nem fazem mais sentido?

Qualquer ferramenta, método, e até mesmo reflexão devem partir desse entendimento das suas experiências, passadas e atuais. São elas que vão guiar todo o processo até sua tomada de decisão ou de ação e garantir o sucesso dela.

Como você pensa sobre dinheiro?

É bem provável que você já tenha ouvido ou lido algo sobre "crença limitante", e pode ser até que esteja cansado desse tema.

Mas não pule esta página nem este tópico. Vale a pena explorar um pouco esse termo que parece ter se banalizado.

De modo geral, crença é aquilo em que uma pessoa acredita, tomando-o como verdade. São as nossas certezas mais profundas, sobre as quais raramente pensamos, mas que influenciam muito na forma como fazemos as coisas.

Essas certezas normalmente são construídas na infância, com base no nosso entorno: família, sociedade, amigos, escola, religião, mídia etc. E, sim, elas podem se tornar limitantes, uma vez que podem nos fazer acreditar que não somos bons nem capazes de fazer determinada coisa, por exemplo.

Para mim, a grande sacada das crenças não é eliminá-las, mas conhecê-las. É possível, sim, acabar com elas; só que é um processo longo, cheio de altos e baixos, em que temos que constantemente nos dar conta de que estamos sendo influenciados por elas e tentar nos desvencilhar disso.

E é nesse processo que devemos focar – é o que eu chamo de *quebrar os nossos tabus* – e ele começa justamente reconhecendo as nossas crenças para poder pouco a pouco ir quebrando essas verdades absolutas que nos prendem a uma realidade que não nos faz bem de alguma maneira.

Então, convido você a pensar sobre as frases que ouvia sobre dinheiro quando criança e sobre seus pensamentos ou percepções mais íntimas sobre ele. Anote-os, de preferência em um papel. Deixo aqui algumas frases com as quais você pode se identificar e podem ajudar na reflexão:

- A vida seria melhor ou mais fácil com mais dinheiro.
- Não sou bom com números.
- Odeio planilhas, nunca vou conseguir cuidar do meu dinheiro.
- Dinheiro foi feito para gastar.
- Poupar é fazer sacrifícios.
- Só fica rico quem faz alguma coisa errada.
- Mais dinheiro me faria mais feliz.
- Não devemos conversar sobre dinheiro.

- Eu não mereço muito dinheiro enquanto outros têm menos que eu.

Agora, olhe para as frases que você elencou. Se quiser, leia-as em voz alta. Elas fazem sentido para você? Como você se sente em relação a elas? Como elas se manifestam nas suas ações (ou falta de ação)? Quais as evidências ou fatos que você tem de que elas sejam realmente verdade? E, então, elas continuam fazendo sentido para você?

O primeiro passo está dado. Agora que você reconheceu suas crenças e como elas podem influenciar no que você sente ou faz, você jogou luz sobre elas. A partir desse momento, você tem uma escolha: ignorar esta sua descoberta ou usá-la a seu favor.

Como você lida com o dinheiro?

Nesse tópico, a ideia é refletir sobre seu dia a dia com o dinheiro, como você trata ou trabalha com ele. Existem três pilares sobre os quais nossa rotina financeira se apoia: *atitude*, *habilidade* e *comportamento*. Novamente, não são conceitos novos, mas que usamos de maneira automática sem talvez compreendê-los de fato. Logo, vamos nos aprofundar um pouco sobre cada um.

Atitude

Atitude é a intenção, a vontade que nos move a fazer algo, a agir. Sabe aquela pergunta: o que move você? É disso que se trata, o que faz você levantar da cama todos os dias. Você já parou para pensar qual a intenção que está por trás de sua gestão financeira? Por que você gasta ou ganha de determinada maneira?

É importante notar que muitas vezes essa intenção está intimamente relacionada às crenças financeiras e, outras tantas, com os objetivos e sonhos. Na maioria das vezes, tem a ver com ambos: seus sonhos movem você e suas crenças influenciam como você gasta ou ganha. E o problema está quando eles não andam na mesma direção, quando uma crença o limita a alcançar seus sonhos. Aí, então, é hora de quebrá-las.

Aqui uma dica de milhões: se não há intenção por trás de uma ação (ou seja, se não há atitude), provavelmente suas ações nada mais são do que uma reação necessária à alguma situação. Reações são naturais e essenciais para a vida, mas a partir do momento que se tornam o principal motivo das suas ações, sem um fio condutor de uma vontade ou direcionamento maior, elas podem colocá-lo à deriva num mar de situações e possibilidades que o mundo atual nos traz.

Habilidade

Habilidade é a capacidade de fazer alguma coisa. A habilidade financeira, por sua vez, é a capacidade de encontrar e processar (organizar) informações que têm relação direta ou indireta com suas questões financeiras e, então, agir de acordo com elas.

Parece complicado, né? Vamos simplificar com perguntas que ajudarão a identificar como anda sua habilidade financeira.

Você sabe…

- O que fazer para evitar gastar mais do que deveria?
- O que fazer para guardar dinheiro?
- Reconhecer um bom investimento financeiro?
- Quando não tem informação suficiente para tomar uma decisão que envolve seu dinheiro?
- Quando precisa de conselho sobre seu dinheiro?
- Onde (ou com quem) encontrar bons conselhos para tomar decisões que envolvem dinheiro?

Como qualquer habilidade, alguns já têm mais do que outros, mas o treino sempre faz a diferença. O importante é conhecer suas forças e, principalmente, suas fraquezas para poder se aprimorar. Conhecimento é a chave, saber usá-lo é o verdadeiro poder!

Comportamento

Enquanto atitude é a intenção por trás da ação, e a habilidade é a capacidade de agir, o comportamento é a ação de fato. É tudo o que falamos até aqui na prática. Conforme vamos consolidando uma determinada forma de agir, vamos criando hábitos.

Comportamentos, assim como hábitos, podem ser bons ou ruins. Em se tratando de comportamentos financeiros, são bons aqueles relacionados a planejar, investir, poupar; e ruins aqueles que levam a dívidas, atrasos, gastos sem controle. A pergunta que não quer calar é: como você tem se comportado financeiramente? Quais os hábitos que você tem cultivado?

Não se fixe na resposta, atente-se ao que pode fazer para melhorar – afinal, sempre podemos melhorar! Lembre-se de que a ação é a externalização de um conjunto de coisas que já mapeamos aqui: contexto, crenças, atitude, habilidades.

Gestão na prática

Separe finanças pessoais das finanças do negócio

Essa é a regra número 1 para o empreendedor. E, apesar de não ser segredo para ninguém, é extremamente desafiador não fugir a essa regra em algum momento. Deixo aqui alguns princípios que ajudam a iniciar ou manter esse hábito:

- Tenha em mente que *o seu negócio é a sua fonte de renda, não seu caixa*. É claro que você tem direito aos resultados que ela gera, mas tenha em mente que para que a fonte não seque e continue a dar resultados, é preciso investir – em melhorias, manutenção, prevenção de riscos.
- *Literalmente separe o dinheiro.* Tenha uma conta para uso pessoal e outra para uso da empresa (seja ela formal ou não). Isso não significa abrir duas contas apenas, é preciso concentrar recebimentos e gastos em cada uma delas. Na

prática: não receba de clientes em sua conta pessoal e não faça gastos pessoais na conta de sua empresa!

- *Estabeleça uma remuneração pelo seu trabalho.* É preciso que seu trabalho seja remunerado, assim como seria o de um funcionário ou um fornecedor que fosse executar tal tarefa. Leve em consideração essa remuneração na hora de precificar.

Organize sua rotina financeira

Você já parou para pensar quais são os momentos em que faz algo relacionado a dinheiro? Emite nota, cobra um cliente, faz compras, analisa indicador ou relatório, analisa investimentos, se planeja, toma uma decisão? Experimente fazer esse exercício e veja onde está se concentrando e onde seria importante dar mais atenção.

Agora reflita: Quais são os comportamentos (ações) que você quer estimular? Quais são os obstáculos para a execução? Como evitá-los? Como você pode tornar a execução mais fácil ou atrativa?

Essas perguntas, ou melhor, suas respostas, ajudarão a construir processos que se encaixem melhor em sua rotina, potencializando sua gestão.

Questione-se

A essa altura, você deve ter percebido que, desde o início do texto, eu trouxe muito mais perguntas do que respostas. Isso porque não existe fórmula mágica para a gestão financeira. Como vimos, lidar com o dinheiro vai muito além de informação, dados e ferramentas – cada um tem um jeito de usá-los e pode criar sua própria receita de sucesso.

Finalizo com mais uma reflexão: Onde você quer estar daqui a alguns anos? Como você quer que seus negócios estejam? Já diria o gato à Alice: "Se você não sabe para onde ir, qualquer caminho serve".

12

ACREDITAR, FAZER E PERSEVERAR PARA VENCER

Este capítulo busca relatar, de maneira reduzida, um pouco de minha história profissional. Filho de pequenos agricultores, convivi com dificuldades e descobri o quanto é importante a força de vontade para superar os desafios. Sempre tive em mente as recomendações de meus pais e o exemplo de trabalho da família, o qual sempre me guiou em minha carreira empreendedora.

LEONARDO SCANDOLARA

Leonardo Scandolara

Formado em Ciências Contábeis pela Universidade do Contestado, campus de Concórdia - Santa Catarina. Cursou especialização em Contabilidade Gerencial pela Universidade Federal de Santa Catarina (UFSC) e MBA em Finanças e Controladoria pela Fundação Getulio Vargas (FGV). Exerceu, por mais de 27 anos, funções na área de controladoria, desde auxiliar de contabilidade até o cargo de *controller*. Desenvolveu sua trajetória profissional em médias e grandes empresas do segmento alimentício e agronegócio. Focado em resultados, como gerente de administração, controladoria, tecnologia da informação e RH, dedicou-se à reorganização de empresas. Trabalhou na estruturação de equipes e implementação estruturada de melhorias de processos, obtendo resultados positivos para os negócios. A partir de 2010, juntamente com o irmão Neudi, constituiu a empresa Sbelvita e ingressou no empreendedorismo trabalhando com as marcas franqueadas Todeschini e Breton, atuando no segmento de alto padrão mobiliário.

Contatos
lscandolara@hotmail.com
16 99712 1831

Sou filho de pequenos produtores rurais descendentes de italianos gaúchos, os quais ainda crianças migraram para o estado de Santa Catarina. Meu pai, Benjamin, nasceu em Soledade, no – Rio Grande do Sul, filho mais velho de uma família de sete irmãos, e minha mãe Anna nasceu em Nova Bréscia, também no Rio Grande do Sul, sendo a mais velha de um total de dez irmãos.

Mais tarde, eles se conheceram e se casaram em setembro de 1957 na comunidade religiosa católica de Sede Brum, em Concórdia, no estado de Santa Catarina, onde nasci e fui batizado.

Fonte: acervo do autor

Dessa união conjugal, tiveram seis filhos, sendo eu o mais velho. Aos meus oito meses de idade, mudaram-se para o interior do município de Itá, em Santa Catarina, onde ainda vivem atualmente. Quando chegaram ao final da década de

1950, construíram uma pequena casa de madeira de $42m^2$, algo que era comum para as famílias naquela época. Desprovido de estradas, energia elétrica, entre outros recursos, o trabalho era na base da força humana e tração animal, em terras de difícil e acidentado relevo e em mata nativa.

Foto de família – Fevereiro/1976.
Fonte: acervo do autor

Nossa infância e adolescência não foi fácil, as dificuldades eram muitas, mas sempre fomos bem orientados em família e na escola. Na infância, o pai orientava: "Filhos, para vencer na vida, é preciso trabalhar, acreditar, ter fé em Deus e cumprir com as obrigações." E a mãe ordenava: "Filhos, não esperem somente pelos outros, façam porque ninguém fará por vocês." Na escola, a professora ensinava: "Para crescer na vida, é preciso estudar, respeitar os outros e ter perseverança naquilo que faz." Para mim, nessa fase da vida, estava decretado no meu sentimento o que o mundo esperava daqueles garotos dessa época. Para tudo, seria preciso "acreditar, fazer e perseverar".

Com 28 anos, trabalhando na roça e após ter ajudado meus pais a cuidar dos irmãos mais novos, iniciei minha vida profissional. Em setembro de 1987, comecei trabalhando na unidade matriz da empresa Sadia, em Concórdia, como auxiliar de contabilidade. Desenvolvi minha carreira na área de controladoria, trabalhando mais de 27 anos em empresas de alimentos, sendo quase 20 na Sadia, da qual me desliguei em 2006 para seguir carreira em outras empresas. No final de 2014, passei a me dedicar exclusivamente ao empreendedorismo.

Em janeiro de 1998, casei-me com a jovem Anice, também filha de pequenos agricultores, e hoje somos pais de dois filhos: o Leonardo Júnior e a Caroline Anice.

No segundo semestre de 2009, quando estava em Curitiba como executivo de controladoria de uma grande multinacional, juntamente com meu irmão Neudi, que também era executivo de uma empresa multinacional, elaboramos o primeiro plano de negócios para assumir a loja de exclusividade de móveis da marca Todeschini, na cidade de Ponta Grossa, no Paraná. Como Neudi, em função de sua atividade de gerência, conhecia bastante de produto e logística, e eu tinha domínio nas áreas de finanças e controles, entendemos que se juntássemos nossos conhecimentos poderíamos ter oportunidade de obter bons resultados no empreendedorismo. Elaboramos nosso projeto considerando as variáveis positivas e negativas identificáveis naquele momento levando em consideração a qualidade da marca e o potencial econômico da cidade. Disputamos a oportunidade entre três empreendedores interessados no referido processo, tendo o nosso sido aprovado. Estávamos aptos para dar sequência na estruturação do negócio. Esse foi o primeiro passo para dar início ao processo de empreender no estado do Paraná, agora longe da família, que havia ficado em Santa Catarina. Constituímos a empresa Sbelvita, cuja composição desse termo é: "S" de Scandolara, "bel vi" de Bela Vista, o nome de nossa pequena localidade chamada Linha Bela Vista, local onde passamos nossa infância, e "ita" em homenagem a nossa cidade de Itá, onde crescemos. Assim, temos (S+belvi'+Ita) que passou a fazer parte da razão social Sbelvita Comércio de Móveis e Interiores LTDA.

Transcorridos todos os processos burocráticos, iniciamos as atividades em setembro de 2010 com uma sala de 60m^2 e três colaboradores. Nessa época, ainda trabalhava como executivo em Curitiba.

Fonte: acervo do autor

Durante a semana, ficava à frente das operações de minha gerência na empresa em que era empregado. Nos finais de semana, dava atenção ao nosso negócio organizando todas as informações e análises exigidas pela empresa Todeschini. Assim, conseguia dar atenção às duas operações. Meu Irmão Neudi também continuava trabalhando como executivo externo e dividia as horas de folga com nosso negócio. Era cansativo, mas a vontade de empreender nos tornava perseverantes e nos fazia acreditar que estávamos no caminho certo. Empreender fazia parte de nossa expectativa desde que estávamos no interior com os pais em família, sendo um sonho que agora começava a se realizar, mesmo sabendo das dificuldades de empreender no Brasil.

Meu irmão, Neudi, desligou-se de seu emprego em 2012 e passou a trabalhar ativamente em nosso negócio. Até então, a operação era gerenciada pela sua esposa Janete. Como a empresa começou a crescer, tínhamos que tomar a decisão de mais alguém passar a dedicar-se em tempo integral.

Nosso negócio com a marca Todeschini evoluiu e, em novembro de 2011, inauguramos a nova loja com 350m², o que nos deixava felizes com a operação. Afinal, era preciso "acreditar, fazer e perseverar".

No início de 2014, a Todeschini nos colocou à disposição uma nova oportunidade para investirmos em uma praça maior. Visitamos algumas que poderiam ser negociadas naquele momento. Optamos pela praça de Ribeirão Preto, em São Paulo. Adquirimos a operação que atuava normalmente, sendo administrada pelo Sr. Orlando Beltrame e família. Assumimos em 25 de novembro de 2014. Iniciamos as nossas atividades, e logo nos deparamos com a crise econômica do período de *impeachment* presidencial, época em que muitas empresas, incluindo nosso segmento, fecharam as portas. Foi um momento difícil e desafiador para nós, ainda nos adaptando à cultura, aos valores e aos costumes da nova cidade.

Durante o período da crise, elaboramos um projeto para abertura de uma nova loja. Em maio de 2018, mudamos para novas instalações, mais modernas, e assim, pudemos gerar uma nova experiência de atendimento aos nossos clientes.

Fonte: acervo do autor

Em 12 anos de história com a marca Todeschini, conquistamos cinco troféus do "Programa de Excelência Todeschini", prêmio que visa reconhecer as unidades franqueadas que atendem aos quesitos de qualidade do programa, que está dividido em três categorias: Prata, Ouro e Diamante. Nossa franquia passou pelas três experiências de premiação. Essas premiações são a confirmação de que nosso trabalho perante os clientes está sendo realizado com eficiência e serve para motivar toda a equipe. Segundo Erik Penna (2021), "Atender com excelência não pode ser apenas uma prática isolada. Deve ser uma cultura e ser vivenciada diariamente." Tudo demanda esforço e vontade de fazer, mas é assim que conseguimos o reconhecimento. Não trabalhamos por prêmios, mas sua conquista anima toda a equipe que busca fazer o melhor sempre para si e para a operação.

Fundamentamos nosso negócio em cinco pilares: Qualidade do produto, Inovação e tecnologia, Excelência em serviços, Gestão adequada do negócio, Marca respeitada pelo mercado. Ou seja, trabalhar com marcas inovadoras e tecnológicas que prestam um bom serviço e que são respeitadas pelo mercado, e com uma gestão adequada, são componentes de relevância para o desenvolvimento da empresa. Além disso, o principal está na base, são as equipes, elas fazem a diferença para qualquer negócio. Hoje não basta sermos medianos, é preciso sermos eficientes perante as exigências do cliente. Como diz Jack Welch (2005): "Ninguém pode garantir seu emprego. Só os clientes podem garantir o seu trabalho."

Fonte: acervo do autor

No início de 2020, iniciamos uma pesquisa para identificar um novo negócio que pudesse estar alinhado à nossa operação e que ambos se complementassem. Isso nos ajudaria na otimização de nossa estrutura, podendo expandir os nossos negócios, colocando à disposição de nossos clientes novas possibilidades de compra com produtos e atendimento de qualidade.

Em junho de 2021, encontramos uma oportunidade de empreender com a marca Breton. Realizamos os contatos iniciais para alinhamento de objetivos. A recepção foi excelente, passamos a acreditar que poderia estar nascendo algo interessante para ambos os interessados. Como sócios da empresa, realizamos uma análise detalhada da proposta da franqueadora, entendemos que havia coerência nas expectativas da Breton e que elas estariam alinhadas com nosso perfil empreendedor.

Concluímos o estudo com parecer favorável e demos andamento ao processo.

Estávamos saindo do período de pandemia do coronavírus. No dia em que realizamos nossa primeira reunião de reconhecimento com o presidente da Breton, Dr. André Rivkind, e o Sr. Miguel Antonio N. Barbosa, responsável pela prospecção e análise dos novos franqueados, ainda estávamos usando máscara. Era um momento difícil, e tomar uma decisão importante e dispendiosa como a que estávamos pleiteando naquele momento, as incertezas eram muitas. Mas era preciso "acreditar, fazer e perseverar".

A marca Breton nasceu há quase 60 anos e atua no mercado de luxo em todo o Brasil com lojas próprias e franqueadas. A marca é inovadora e valoriza o design brasileiro. Preocupada com as questões de sustentabilidade e formadora de tendências, estava prestes a se tornar uma marca global construindo sua primeira loja em Dubai, a qual foi inaugurada no primeiro semestre de 2024. No dia 7 de janeiro de 2022, assinamos o pré-contrato da franquia, e a partir desse momento estava selada nossa parceria de franqueados com a marca Breton.

Em agosto de 2022, constituímos a empresa Morare Móveis e Decorações Ltda. para organizar e gerir as operações da marca Breton em Ribeirão Preto. Enquanto muitas empresas brasileiras do setor buscam alternativas de produtos no exterior para satisfazer as expectativas do consumidor, a Breton exporta os nossos produtos, valorizando o trabalho e as qualidades dos designers brasileiros, demonstrando que o Brasil tem muito a apresentar ao mundo.

Nosso trabalho de planejamento, pesquisas de mercado, análises econômico-financeiras e construção de toda a operação durou praticamente dois anos, culminando com a inauguração da loja com 1.200 m^2 na cidade de Ribeirão Preto, em 18 de maio de 2023. Segundo Erik Penna (2021), "O empreendedorismo por oportunidade acontece quando um indivíduo inicia o negócio depois de ter planejado, realizado pesquisas acerca de seu produto ou serviço e identificado uma grande oportunidade para atuar em determinado segmento ou nicho de mercado. Após toda essa preparação, ele toma a decisão de empreender".

Fonte: acervo do autor

Conseguimos entregar, à comunidade de Ribeirão Preto, algo novo, atendendo às exigências dos nossos consumidores do mercado de luxo que buscam produtos de alto padrão, assinados por designers renomados e respeitados por todos que buscam algo inovador.

Na vida, tudo tem um sentido. Não basta sonhar. O sucesso dos sonhos está relacionado a como sabemos encarar e aceitar os desafios e obstáculos, sendo preciso reunir forças, traçar objetivos e ter atitudes positivas para superá-los com eficiência, humildade e sabedoria.

Em uma determinada ocasião, no início dos anos 2000, participei de um treinamento de planejamento estratégico na Sadia. Na abertura do evento, o instrutor indagou os participantes: quais seriam os objetivos de cada profissional que estava presente naquele momento? A busca era sempre pela excelência. Cada participante defendeu sua opinião do porquê estar presente no evento. Um diretor da Sadia, chamado Ronaldo Muller, executivo eficiente e experiente, respondeu: "Meu objetivo é estar preparado para buscar resultados superiores." Aparentemente uma resposta simples, porém de uma riqueza extraordinária para o mundo dos negócios. Nesse mundo, é necessário pensar grande, pensar com senso de dono, independentemente da atividade que você executa. Ser mediano já não desperta nas empresas a motivação de investir em alguém que não demonstra ser vencedor. É preciso ser aquele profissional que serve de exemplo para os seus colegas, para os seus subordinados, e uma esperança viva para seu superior, que busca preparar e desenvolver seu sucessor.

Parece que vivemos uma era de imediatismo. Queremos crescimento rápido, remunerações excelentes em curto espaço de tempo, sucesso forçado e precoce, e, ao mesmo tempo, não refletimos que nossa velocidade de exigência está na contramão da velocidade da educação e da absorção de novos conhecimentos. Ainda vivemos num país de terceiro mundo, com uma escola pública deficiente e malcuidada, universidades com escassez de recursos e uma educação privada de custo elevado para a maioria da população. Stephen R. Govey (2019), diz: "Bem no fundo de cada um de nós há um anseio interior de viver uma vida de grandeza e contribuição – de importar realmente, de fazer uma verdadeira diferença."

Minha história escolar básica é construída pela escola pública e tenho muito orgulho disso. Juntamente com a educação herdada pela família, foram os ensinamentos da escola, sobretudo da professora Elda Frida Schenkel, que me formaram como profissional para chegar até aqui. Por mais longe que possamos chegar, nunca podemos nos esquecer das bases que nos formam, pois são os valores e a educação que recebemos que nos permitem "acreditar, fazer e perseverar para vencer". Se não formos orientados a ter coragem e persistência, seremos derrotados no primeiro obstáculo. Em minha história, o que levei dos anos de trabalho em família não foram bens materiais, mas os aprendizados que me permitiram ir mais longe. E essa é a lição que devemos deixar. São os valores cultivados em família e associados aos ensinamentos da escola que levarão os jovens a seguir os caminhos de futuros empreendedores que contribuirão com nosso país.

Referências

GOVEY, S. R. *O 8° hábito: da eficácia a grandeza.* Rio de Janeiro: Alta Books, 2019.

PENNA, E. *A arte de encantar clientes.* São Paulo: Editora Gente, 2021.

WELCH, J. *Paixão por vencer.* São Paulo: Editora Campus, 2005.

13

A IMPORTÂNCIA DA ADVOCACIA PREVENTIVA NO MUNDO CORPORATIVO E EMPRESARIAL

A advocacia preventiva é uma abordagem estratégica que tem por objetivo central prevenir a judicialização de conflitos de interesses que, em sua maioria, importam no dispêndio de gastos e transtornos diversos, além de tentar afastar a aplicação de penalidades que uma atuação tardia, por vezes, não teria o condão de evitar. Ao implementar medidas preventivas, economiza-se tempo, dinheiro e recursos disponíveis, além de preservar a reputação e imagem da pessoa jurídica ou do empresário individual no mundo corporativo e dos negócios.

LETÍCIA ALMEIDA
ALESSANDRA AMORIM

Letícia Almeida

Bacharel em Direito pela Universidade Estácio de Sá. Pós-graduada em Direito Civil e Processual Civil pela Universidade Estácio de Sá. Pós-graduada em Direito do Trabalho e Processual do Trabalho pela Universidade Anhanguera-Uniderp/LFG. Advogada.

Contatos
lele.henrique@gmail.com
Instagram: @almeidaeamorimadv
21 97611 8957

Alessandra Amorim

Bacharel em Direito pela UCAM – Universidade Candido Mendes Centro. Pós-graduada em Direito Civil e Processual Civil pela ESA. Pós-graduada em Direito Previdenciário pela Universidade LEGALE Educacional. Advogada.

Contatos
apajjr@gmail.com
Instagram: @almeidaeamorimadv
21 99933 9894

Já dizia o ditado popular: "*É melhor prevenir do que remediar*", referindo-se à adoção de atos/condutas que tenham por objetivo evitar problemas que – ao contrário do que alguns acreditam – nem sempre podem ser remediados!

O brasileiro, por essência, não possui a cultura de prevenção. Isso pode ser constatado em quase todas as esferas de segmentação social: saúde, economia, trabalho e previdência. A pandemia ocasionada pela covid-19 deixou isso ainda mais evidente. A dificuldade em aquiescer às determinações expedidas pelos órgãos de controle e vigilância sanitária foram a prova disso. No entanto, em vez de abandonarmos condutas e hábitos nocivos, continuamos na mesma direção: remediar apenas quando nada mais pode ser feito.

A cultura de um povo é formada por tradições, crenças e costumes que reiteradamente assentidos ao longo do tempo, passam a integrar o modo de vida daquele grupo de pessoas que dela compartilham. É algo aprendido e transmitido de geração em geração. Ocorre, porém, que da mesma forma como é incorporada por adesão, também pode ser modificada com a desconstrução de velhas ideias e condutas que em nada contribuem para a finalidade almejada.

No mundo empresarial e de gestão de negócios, isso também pode ser constatado. A adoção de condutas de caráter preventivo quase sempre é deixada de lado, como última opção; normalmente, apenas considerada diante da recorrência de problemas de mesma natureza, sendo a contratação de profissional/escritório especializado em consultoria e assessoria jurídica preventiva encarada, na maioria das vezes, como gasto desnecessário.

A dificuldade em entender a diferença entre gasto *versus* investimento ainda é grande e encontra forte resistência no mundo corporativo, onde a positividade de resultados está umbilicalmente ligada à "redução de custos operacionais". Nesse compasso, é preciso distinguir os vocábulos. Enquanto gasto implica na disposição de um recurso não retornável, investimento pode ser entendido como algo que agrega valor ao gasto despendido, fazendo que o mesmo retorne de maneira positiva para o responsável por sua implementação – como é o caso da advocacia preventiva.

Diante do avanço tecnológico como nunca antes se viu, velocidade da informação e processamento de dados, o enquadramento à legislação em vigor – objeto de constante mutação – torna a tarefa ainda mais árdua, sobretudo para àqueles quem não possuem qualquer conhecimento técnico a respeito do assunto. É exatamente aqui que encontra atuação do profissional da área jurídica, cuja função precípua consiste na prevenção de conflitos de interesses mediante a adoção de mecanismos que vão desde a escolha do modelo empresarial que melhor se adéque à natureza da atividade desenvolvida a redução de chances de impactos financeiros ocasionados por condenações trabalhistas, aplicação de sanções de caráter administrativo e tributário, responsabilidade civil e de consumo.

Entretanto, diante de tudo isso, indaga-se: em que consiste exatamente a advocacia preventiva? Neste viés, podemos defini-la como uma abordagem proativa que tem por finalidade evitar ou, ao menos, minimizar as chances de conflitos internos se tornarem demandas judiciais. Envolve análise minuciosa e aconselhamento jurídico contínuo, visando a submissão da demanda à submissão da normativa legal.

Ao contrário do que muita gente acredita, a advocacia preventiva, além de poupar os administradores da pessoa jurídica constituída de inúmeros problemas, se revela mais econômica do que a atuação jurídica reativa, ora consistente na apresentação de defesa técnica em processo judicial já instaurado.

Isso ocorre porque, na advocacia preventiva, o advogado contratado atua exatamente para evitar a judicialização de questões objetos de dissonância entre os envolvidos que, por vezes, podem acarretar em litígios jurídicos e implicar no dispêndio de diversos custos para a empresa, como gastos com honorários advocatícios, custas processuais, pagamento de indenizações etc.

Diante disso, a advocacia preventiva consiste exatamente na adoção inteligente de uma ferramenta posta à disposição daqueles que precisam (e escolhem) dela se utilizar, para o fim de viabilizar maior economia na atividade empresarial desenvolvida a médio e longo prazo, além da evitação de danos à imagem da pessoa jurídica e perda de oportunidades de negócios.

Para melhor elucidação do tema, listamos abaixo algumas áreas de atuação do advogado que opera de maneira preventiva no mundo empresarial:

- Advogado trabalhista: presta assessoria jurídica para empresas, a fim de evitar possíveis demandas judiciais e garantir a estrita observância da legislação trabalhista nos contratos de trabalho celebrados.
- Advogado tributário: presta consultoria e orientação jurídica em relação às obrigações fiscais e tributárias, tendo por objetivo prevenir autuações e aplicação de multas pelos órgãos fiscalizadores.
- Advogado civilista e empresarial: atua na escolha do modelo societário que melhor (e não apenas menos dispendioso) se adéque à natureza da atividade empresarial desenvolvida; elaboração de contratos, distratos e minutas, evitando-se cláusulas dúbias ou nulas, que podem comprometer a validade e eficácia do instrumento contratual redigido, como é o caso do negócio jurídico que não atende à forma prevista em lei

(compra e venda de bem imóvel, por exemplo) ou, ainda, celebrado por pessoa considerada absolutamente incapaz pela legislação civil. Nestes casos, além de o advogado contratado atuar nas relações havidas entre os sócios que compõem a pessoa jurídica, também se estende àquelas mantidas com terceiros, estranhos ao quadro societário.

- Advogado de propriedade intelectual: atua prestando assessoria jurídica na proteção de marcas, patentes, direitos autorais e outras espécies de propriedade intelectual.
- Advogado previdenciário: orienta e previne problemas relacionados aos direitos dos colaboradores que integram a empresa assessorada, buscando garantir o acesso aos benefícios previdenciários de maneira adequada e em conformidade com a legislação vigente. Expede orientações, analisa documentos e situações específicas, além de calcular tempo de contribuição, prestar assessoria plena ao cliente em relação a concessão de benefícios previdenciários, visando-se evitar possíveis erros ou indeferimentos pelo órgão gestor da Previdência Social e/ou Previdência Privada.
- Advogado consumerista: presta consultoria e assessoria jurídica às empresas que vendem produtos ou serviços no mercado de consumo, evitando-se eventual responsabilidade civil por não submissão às regras previstas no Código de Defesa do Consumidor e legislação aplicável.
- Advogado de *holding* familiar: serviço essencial para aqueles que desejam garantir segurança e continuidade do patrimônio familiar. Expliquemos: a *holding* familiar é uma sociedade que tem por objetivo reunir bens e ações de empresas da família em uma única estrutura, proporcionando uma gestão mais eficiente em relação aos ativos financeiros da pessoa jurídica constituída. O advogado atuante neste ramo visa garantir a efetividade da constituição, gestão e administração da *holding* familiar, podendo auxiliar na escolha do tipo societário mais adequado, elaboração de acordo de acionistas e planejamento sucessório, por exemplo. Além disso, a advocacia preventiva de *holding* familiar também abrange a estruturação do patrimônio, evitando a aplicação de penalidades fiscais e tributárias.

Ressalte-se que a atuação do profissional jurídico, no caso da constituição da *holding* familiar, trata-se de verdadeiro investimento, uma vez que a escolha do modelo empresarial mais adequado à finalidade almejada visa justamente a prevenção de problemas futuros por não enquadramento à legislação em vigor, o pode ocasionar perdas financeiras significativas para a família. Trata-se, pois, de uma forma inteligente de garantir a segurança e a estabilidade patrimonial, além de assegurar a continuidade do legado familiar.

Apesar da exposição brevemente realizada, talvez o leitor ainda tenha dúvidas quanto a real necessidade de contratação de um profissional que preste serviços de consultoria e assessoria jurídica e, para isso, nada melhor que a exposição de algumas situações jurídicas concretas. Vejamos:

A primeira delas diz respeito à aplicabilidade daquilo que se convencionou chamar de Teoria da Desconsideração da Personalidade Jurídica, instituto importado do Direito Civil que prevê a possibilidade de responsabilização pessoal dos sócios no caso de abuso da personalidade jurídica, caracterizado por fraude ou desvio da finalidade. É o famoso caso do sócio que visando evitar a penhora de bens da empresa em um processo judicial, transfere-os para o seu patrimônio próprio ou para terceiros (popularmente conhecidos como "laranjas") ou, ainda, passa a exercer atividades empresariais estranhas às desenvolvidas pela pessoa jurídica.

Ocorre que no Direito do Trabalho esta teoria foi alargada para fins de viabilizar a responsabilização pessoal dos sócios também na hipótese de insucesso econômico, independentemente da existência ou não de indícios de fraude e/ou confusão patrimonial. Neste caso, bastaria o inadimplemento das obrigações trabalhistas e frustração da execução para que encontre lugar a aplicação da chamada Teoria *Menor* da Desconsideração da Personalidade Jurídica.

Não diferente a isso, por mais correta que seja a atuação de uma empresa no mundo corporativo, é quase impossível prever a conduta de um ex-colaborador após a extinção de um vínculo de emprego, principalmente nos casos de demissão por justo motivo, sendo a atuação do advogado preventivo no sentido a de adotar mecanismos que afastem a possibilidade de os sócios serem pessoalmente responsabilizados em eventual demanda trabalhista ajuizada contra a empresa tomadora de serviços.

Por fim, apenas a título de exemplificação, já que não teríamos como exaurir todo o conteúdo pertinente às possíveis áreas de atuação do profissional jurídico em um único capítulo – cuja abordagem do tema (que nem de longe se esgota) visa, tão somente, traçar linhas gerais a despeito do assunto – não podemos esquecer da atuação de caráter preventivo das relações de consumo e enquadramento à Lei Geral de Proteção de Dados, criada com a finalidade de proteger os dados sensíveis do indivíduo, evitando-se o acesso e divulgação de informações de caráter sigiloso, constantes nos bancos de dados públicos e particulares, sob pena de responsabilização daquele que incorrer em violação aos direitos de liberdade, imagem e privacidade.

Ante as singelas considerações realizadas, há aqueles que ainda sim optarão por apenas remediar dentro daquilo que for possível, é claro. A escolha permanece sendo subjetiva, inobstante as consequências e desdobramentos sejam de antemão previsíveis, apesar de nem sempre evitáveis; até porque para o aprendizado de novas condutas e remodelagem da forma de "fazer negócios", faz-se necessária a modificação de toda a cultura de um povo – e isso, como se sabe, não acontece do dia para a noite.

14

MEDIAÇÃO E CONCILIAÇÃO NA LEI DO SUPERENDIVIDAMENTO

O superendividamento de consumidores é um tema de crescente preocupação social no Brasil, motivando, inclusive, debates parlamentares, novas leis e a necessidade de respostas jurisprudenciais. Este capítulo aborda as formas de soluções conciliatórias e judiciais trazidas pela Lei nº 14.181/21, para tratamento do superendividamento do consumidor, com especial ênfase na eficácia da conciliação e mediação na recuperação de dívidas.

LUCÉLIA DE OLIVEIRA BARBOSA

Lucélia de Oliveira Barbosa

Advogada do Banco do Brasil S.A., graduada em Direito pela Universidade do Estado de Minas Gerais (2001), mestre em Direito Constitucional pelo Instituto Brasileiro de Ensino, Pesquisa e Desenvolvimento (2023), especialista em Direito e Processo do Trabalho pela Universidade de Franca (2004), especialista em Direito Processual Civil pela Universidade de São Paulo – USP Ribeirão Preto / SP (2017).

Contatos
luceliaoliveirabarbosa@gmail.com
LinkedIn: Lucélia Oliveira Barbosa

Introdução

O superendividamento ou "falência" do consumidor é um problema social e estrutural que prejudica não só o indivíduo como também as pessoas que dele dependem, os credores que esperam o retorno do capital alocado, e toda coletividade que direta ou indiretamente se beneficia das trocas monetárias, essencial no sistema de economia capitalista.

As decisões de consumo dependem não apenas da renda atual do indivíduo, mas também de sua renda futura esperada e da riqueza financeira, portanto, se o nível de consumo for maior que a renda atual, o consumidor tomará emprestada a diferença; se fosse menor, ele pouparia.

Entretanto, há variáveis que podem afetar essa lógica, como desemprego, inflação, redução de renda, gastos excessivos, doença pessoal ou familiar, divórcio ou morte, e levar o consumidor ao superendividamento e ao consequente inadimplemento.

Neste capítulo, serão analisados os direitos do consumidor superendividado e como a utilização do instituto da conciliação e da mediação poderão auxiliar em seu retorno ao mercado de consumo.

Do contexto normativo no qual se insere o consumidor superendividado

A Lei 14.181/2021 inseriu no Código de Defesa do Consumidor dispositivo que versa sobre a prevenção e tratamento do superendividamento. O artigo 54-A, §1º, traz o conceito de superendividado como o indivíduo que não pode arcar com o pagamento de suas dívidas vencidas e vincendas sem comprometer seu sustento e de sua família. Portanto, estão abrangidas somente dívidas de consumo, excetuando-se aquelas que possuem garantia real ou fiduciária e assegurando que a repactuação dos valores não atinja o mínimo existencial do consumidor, nos termos da regulamentação.

O Decreto n.º 11.150/2022 complementou o conceito de superendividado como a pessoa natural que possui dívidas de consumo, excluindo-se o aval e a fiança. De igual forma, regulamentou o valor do Mínimo Existencial em R$ 600,00 (seiscentos reais), cujo comprometimento é apurado entre a contraposição da renda mensal do consumidor e as parcelas de dívidas vencidas e vincendas no mesmo mês.

A lei exclui de sua aplicação as dívidas adquiridas mediante má-fé, por meio de fraude ou de contratos celebrados com a intenção prévia de não pagar, excluindo-se as dívidas por aquisição de produtos de luxo.

Assim, o consumidor superendividado protegido pela lei será a pessoa natural, de boa-fé, que comprove a impossibilidade manifesta de pagar suas dívidas de consumo, vencidas ou vincendas e que não correspondam a bens de luxo, sem comprometer seu mínimo existencial.

Requisito necessário tanto para o fornecedor quanto para o consumidor é a boa-fé, que deverá ser demonstrada desde a fase pré-contratual, vindo cunhada desde a oferta até a pós-contratação.

No contexto das contratações de crédito e financiamento, a boa-fé recebeu uma atualização importante. A alteração do Código de Defesa do Consumidor passou a prever de maneira expressa a proibição do assédio de consumo. É possível fazer ofertas, mas é imperativo respeitar alguns limites. A insistência, mesmo após a negativa do consumidor, o constrangimento e o desconforto demonstram o excesso no procedimento de venda e não são mais admitidos, pois podem configurar o assédio de consumo e a violação da boa-fé nas relações de consumo.

Outras medidas importantes foram instituídas: (i) a oferta de crédito sem análise global da capacidade econômica do consumidor, (ii) ocultar ou dificultar a compreensão sobre os ônus e os riscos da contratação do crédito ou da venda a prazo; (iii) condicionar o atendimento de pretensões do consumidor ou o início de tratativas à renúncia ou à desistência de demandas judiciais, ao pagamento de honorários advocatícios ou a depósitos judiciais.

Assim como a boa-fé, o agir com lealdade deve ser celebrado em todas as fases da contratação, incluídas as preliminares, buscando maior isonomia no contrato de consumo.

Entretanto, em relações binárias, esse é um dever de ambos os contratantes, devendo-se analisar a real intenção do consumidor no momento da celebração do ajuste, para que assim sejam excluídos da proteção ao superendividamento aquele consumidor que agiu com má-fé.

A expressão da harmonia nas relações de consumo depende da boa-fé das partes, da lealdade, do dever de cooperação, da informação e da concessão de crédito responsável.

Do processo de repactuação de dívidas na lei do superendividamento

A Lei 14.181/2021 trouxe ao consumidor a possibilidade de buscar na legislação auxílio qualificado para ultrapassar o superendividamento, quando antes só poderia se valer da ação de insolvência civil ou das ações de revisão de contrato.

A nova norma inaugurou um sistema de tratamento bifásico, em que o consumidor busca uma audiência de conciliação para repactuar as suas dívidas, o que pode ser feito por qualquer um dos órgãos do Sistema Nacional de Defesa do Consumidor, conforme o art.104-C do CDC.

Assim, poderá ser marcada audiência global de conciliação, com a convocação de todos os credores na busca de acordos de repactuação das dívidas, com prazo máximo de cinco anos e sem que o valor mensal das parcelas coloque em risco o mínimo existencial do consumidor.

Em sendo possível a realização de conciliação, o acordo poderá ser homologado judicialmente e possuirá eficácia de título executivo (art.104-A, §3º).

A impossibilidade da realização do acordo dá ensejo à segunda fase, exclusivamente judicial, em que o devedor requererá o ajuizamento da "ação por superendividamento para revisão e integração dos contratos e repactuação das dívidas remanescentes" (artigo 104-B, caput do CDC). Poderão figurar no polo ativo da ação somente pessoas físicas.

Nessa etapa, o juiz poderá nomear ou não um administrador (artigo 104-B, § 3º do CDC) que apresentará em até 30 (trinta) dias um plano de pagamento com prazos e atenuações de juros. Após a defesa pelos credores (artigo 104-B, §2º do CDC), o juiz proferirá sentença com a redução dos juros e a aprovação do plano de pagamento compulsório em até 5 (cinco) anos e 180 (cento e oitenta) dias para pagamento da primeira parcela, preservado o mínimo existencial (artigo 104-B, §4º do CDC).

Quando da citação dos credores, o juiz já poderá deliberar de ofício, aplicando provisoriamente a suspensão da exigibilidade dos débitos e demais sanções do § 2º do artigo 104-A, caso entenda necessário.

O plano compulsório de pagamentos deve assegurar aos credores: (i) o valor do principal devido, corrigido monetariamente por índices oficiais de preços, no mínimo, portanto, sem perdão de dívidas; (ii) a previsão da liquidação total da dívida em, no máximo, 5 (cinco) anos, após a quitação do plano de pagamento consensual previsto no art. 104-A; (iii) primeira parcela devida no prazo máximo de cento e oitenta dias, contado da homologação judicial; restante do saldo devido em parcelas mensais iguais e sucessivas.

Quanto ao prazo máximo de cinco anos para o plano de pagamento, existem entendimentos favoráveis à sua ampliação, segundo os quais caberia ao juiz a avaliação em cada caso concreto (Artigo 104-C, §4º do CDC).

Terão prioridade no recebimento os credores que tenham aceitado o plano consensual (artigos 104-A e 104-C), o que denota a relevância que a lei deu para a composição amigável; para os demais, serão submetidos ao plano compulsório.

Da conciliação e mediação nos casos de consumidores superendividados

Para a primeira fase do procedimento, o artigo 104-C do Código de Defesa do Consumidor, inserido pela Lei nº 14.181/2021, prevê que compete concorrente e facultativamente aos órgãos públicos integrantes do Sistema Nacional de Defesa do Consumidor (SNDC) a fase conciliatória e preventiva do processo de repactuação de dívidas, podendo criar convênios com finalidade específica entre os referidos órgãos e os credores e suas associações.

Assim, além dos CEJUSCs no Judiciário, a nova lei conclama a participação dos PROCONs, do Ministério Público, da Defensoria Pública e de outros órgãos integrantes do SNDC (Sistema Nacional de Defesa do Consumidor) para a adoção de mecanismos para implementação da fase conciliatória e preventiva do processo de repactuação de dívidas.

O devedor possui como responsabilidade colaborativa a obrigação de não agravar seu estado de superendividamento, colocado como condicionante para que o acordo produza efeito.

Conhecer as características socioeconômicas desse superendividado é essencial, integrando o maior número possível de instituições, movimentos sociais, acadêmicos e profissionais multisetoriais.

Exemplo disso é o projeto de negociação de superendividamento em bloco, coordenados pelas magistradas Clarissa Costa de Lima e Karen Danilevicz Bertoncello, desenvolvido no Rio Grande do Sul. O projeto teve parceria com a Universidade Federal do Rio Grande do Sul, servidores do Judiciário, do Movimento Donas de Casa, PROCON e Cruz Vermelha, sendo Vencedor do Prêmio INNOVARE da Magistratura em 2008.

De acordo com o observatório do crédito e superendividamento do consumidor da Universidade Federal do Rio Grande do Sul, o projeto de extensão desenvolvido, no período de 2007 a 2012, obteve excelentes resultados.

No período estudado de cinco anos, aconteceram 3.225 audiências de conciliação em bloco de superendividados e seus credores realizadas pelos magistrados e conciliadores do Tribunal de Justiça do Rio Grande do Sul (TJRS), atingindo mais do que o dobro da média nacional de êxito na conciliação (30%), e foi possível aos magistrados estabelecer, em conjunto com os credores e o consumidor superendividado, um plano de pagamento por acordo, conciliando 64,3% dos casos e evitando processos judiciais (MARQUES; CAVALLAZZI; LIMA, 2016, p. 153).

Em regra, o objetivo da audiência de conciliação ou mediação será a renegociação das dívidas, com a concessão de descontos e abatimentos, dilação de prazos, exclusão dos dados do devedor do banco de dados de inadimplentes e inserção de outras cláusulas, tais como o vencimento antecipado pelo inadimplemento.

Conclusão

De maneira sintética, analisamos o fenômeno do superendividamento, suas características e os requisitos de aplicação da normativa protetora.

Para que haja o tratamento pleno desse consumidor, deve-se buscar não apenas a repactuação de suas dívidas, mas também sua reinserção educada no mercado de consumo, assim como sua reconciliação social.

Encontramos na mediação e conciliação formas de complementariedade ao tratamento do superendividamento, proporcionando a educação financeira, a cooperação, o entendimento e a aceitação da capacidade financeira e a renegociação de dívidas.

Identificamos que um dos maiores ganhos na aplicação da mediação restaurativa no tratamento do superendividamento é a participação ativa do credor na busca da melhor solução para o cenário apresentado.

De igual importância são o monitoramento e o incentivo aos acordos resultantes dos processos de superendividamento, prevenindo a necessidade futura de repactuação e monitorando a reincidência.

Referências

BENJAMIN, A. H.; MARQUES, C. L. A teoria do diálogo das fontes e seu impacto no Brasil: uma homenagem a Erik Jayme. *Revista de Direito do Consumidor*, São Paulo, v. 115, ano 27, p. 21-40., jan.-fev. 2018.

BERTONCELLO, K. R. D., FELTEN, M. C. *Núcleo multidisciplinar de atendimento ao superendividado: um ano de cooperação acadêmica e extensão à comunidade.* São Paulo: Tirant lo banch, 2023.

CARVALHO, D. F. Superendividamento e mínimo existencial: teoria do Restre a Vivre" Overindebtedness and existencial minimum: reste à vivre's theory. *Revista de Direito do Consumidor*, v. 118, p. 363-386, jul./ago. 2018. DTR\2018\19476.

15

SIMPLIFICANDO MARCAS, PATENTES E DIREITOS AUTORAIS

COMO E PORQUE PROTEGER SUA PROPRIEDADE INTELECTUAL

Que tal "patentear" sua marca? Ops, não! Marcas se registram. E patentes são coisa totalmente diversa de marcas. Além disso, muitos empresários acreditam no mito de que abrindo um CNPJ, registrando seu domínio na internet e botando seu negócio para rodar, a marca já é SUA! Ledo engano. Infelizmente, vemos negócios de muitos anos perdendo todo trabalho em suas marcas por falta de conhecimento. Viemos trazer esse conhecimento para que você jamais tenha esses problemas.

LUIZ O. DOMICIANO
MELISSA P. QUEVEDO

Luiz O. Domiciano

Com mais de 300 mil horas de ações na área de proteção à propriedade industrial, iniciou suas atividades na cidade de São Paulo no ano de 1972 na empresa Sul América Marcas e Patentes (premiada como a maior agência de propriedade industrial do Brasil), promovendo medidas de combate à pirataria na Bolívia e na fronteira do Brasil com a Argentina, na função de perito assistente. Com cursos de especialização na área de Administração de Empresas pelas Faculdades Anhembi/Morumbi e na área de Direito de Propriedade Industrial pela ABAPI (Associação Brasileira dos Agentes da Propriedade Industrial) e EMAG (Escola de Magistrados da Justiça Federal – 3ª Região), participou do processamento de registros de milhares de marcas, patentes e direitos autorais no Brasil e no exterior.

Contatos
horusmarcasepatentes@gmail.com
www.horusmarcasepatentes.com.br
Instagram: @horusmarcasepatentes
Youtube: Horus Marcas e Patentes
15 99104 1273

Melissa P. Quevedo

Em 2013, juntou-se à Horus, assumindo o deparamento internacional e, em março de 2020, a direção comercial, trazendo inovações como o Canal Hórus no YouTube, atuação nas redes sociais e um setor de direito digital, voltado para *starups*.

Contatos
horusmarcasepatentes@gmail.com
www.horusmarcasepatentes.com.br
Instagram: @horusmarcasepatentes
Youtube: Horus Marcas e Patentes
15 99104 1273

Estatísticas

Em 2018, foram criados mais de 2,5 milhões CNPJs no Brasil. Em 2020, 3,3 milhões. Em 2021, mais de 3,9 milhões. Entre janeiro e abril de 2023, 1,3 milhão, totalizando mais de 21 milhões de CNPJs ativos em todo o território nacional (BRASIL, 2023). Mas nem todos os titulares desses CNPJs tiveram o cuidado de registrar suas marcas no local correto – o INPI (Instituto Nacional de Propriedade Industrial). Vejam: o INPI registrou tais números nos últimos anos: em 2018, 204.419 pedidos de registro de marcas; em 2019, 245.154; em 2020, 293.502; em 2021, 386.845; e em 2023, de janeiro a agosto, 287.618. E agora uma estatística aterrorizante: dos pedidos feitos pelo próprio empreendedor no ano de 2022, apenas 15,4% tiveram sucesso. Em 2023, esse número caiu para 7% (NEVES, 2023).

Vejam só o contraste com o número de CNPJs abertos! Isso expõe uma grande ferida no empreendedorismo brasileiro: a falta de conhecimento sobre propriedade industrial. E aqueles que buscam registrar, infelizmente carecem do conhecimento especializado necessário para acompanhar seu processo de maneira correta.

Tabela I – Pedidos de Propriedade Industrial

Período	PATENTES	MARCAS	DESENHOS INDUSTRIAIS	PROGRAMAS DE COMPUTADOR	CONTRATOS	INDICAÇÕES GEOGRÁFICAS	TOPOGRAFIA DE CIRCUITOS INTEGRADOS
Anual							
2013	34.050	163.422	6.847	1.508	1.725	6	4
2014	33.182	157.016	6.590	1.609	1.710	12	1
2015	33.043	158.709	6.039	1.616	1.400	12	3
2016	31.020	166.368	6.027	1.802	1.027	5	9
2017	28.667	186.103	6.000	1.692	1.166	10	3
2018	27.551	204.419	6.111	2.511	1.207	7	3
2019	28.318	245.197	6.433	3.049	1.165	16	3
2020	27.091	293.502	6.263	2.999	1.045	17	2
2021	26.921	386.845	6.711	3.259	1.135	9	0

Tabela II – Pedidos e Decisões de Propriedade Industrial

PATENTES	2014	2015	2016	2017	2018	2019	2020	2021	jan/22	fev/22	2022	Δ Fev.22 / Jan.22	Δ Jan-Fev.22 / Jan-Fev.21
Depósitos	33.182	33.043	31.020	28.667	27.551	28.318	27.091	26.921	1.871	1.962	3.833	4,9%	-0,6%
Decisões	22.336	15.842	25.481	44.781	41.503	44.486	60.779	51.029	2.791	3.864	6.655	38,4%	-25,5%
Concessões	3.123	3.895	4.771	6.250	11.090	13.750	21.309	27.644	1.837	2.118	3.955	15,3%	-22,8%
Indeferimentos	2.586	2.864	3.167	4.324	5.701	5.270	4.661	5.308	259	371	630	43,2%	-12,5%
Arquivamentos	16.574	8.978	17.488	34.112	24.637	25.340	34.622	18.038	689	1.368	2.057	98,5%	-33,2%
Desistências Homologadas	53	105	55	95	75	126	187	39	6	7	13	16,7%	30,0%

MARCAS	2014	2015	2016	2017	2018	2019	2020	2021	jan/22	fev/22	2022	Δ Fev.22 / Jan.22	Δ Jan-Fev.22 / Jan-Fev.21
Depósitos	157.016	158.709	166.368	186.103	204.419	245.197	293.502	386.845	28.994	31.616	60.610	9,0%	16,4%
Decisões	157.600	189.916	195.896	258.823	379.767	384.532	248.194	283.663	23.431	23.374	46.805	-0,2%	60,5%
Concessões	85.810	96.050	99.938	123.362	191.813	205.846	141.775	168.413	14.203	15.216	29.419	7,1%	67,4%
Indeferimentos	27.399	36.814	41.610	65.503	105.379	86.749	63.953	74.811	4.616	5.467	10.083	18,4%	14,0%
Arquivamentos	42.276	56.413	51.210	65.814	75.880	84.464	35.769	32.105	4.076	2.419	6.495	-40,7%	230,0%
Pedidos Considerados Inexistentes	2.115	639	3.138	4.144	6.695	7.473	6.697	8.334	536	272	808	-49,3%	4,7%

Podemos ver a tabela do INPI com todos os números. Na sessão Concessões são os casos de sucesso. Os pedidos indeferidos ainda têm alguma chance, e os Arquivamentos são totalmente perdidos. Observem que o número de arquivamentos é muito alto. Isso decorre, principalmente, da falta de conhecimento do depositante de que é necessário acompanhar o processo e recolher as taxas federais dentro do prazo correto. Os considerados inexistentes acontecem por falta de pagamento da taxa. Porém, ao serem perguntados, a maioria dos empreendedores responde: "Sim, minha marca tem registro." Quando vamos conferir, porém, tais marcas caíram em alguma dessas armadilhas. Ou ele tem apenas o CNPJ, confundindo com o registro da marca.

E isso tudo remete ao tema proposto por nós. Infelizmente, não é de conhecimento da maioria dos empresários e dos desenvolvedores de marcas que, conforme a Lei de Propriedade Industrial diz em seu artigo 129:

A propriedade da marca adquire-se pelo registro validamente expedido, conforme as disposições desta Lei, sendo assegurado ao titular seu uso exclusivo em todo o território nacional.

Com a ascensão da internet, temos cada vez mais pessoas mais conscientes e com mais informação, mas infelizmente isso não ajudou a diminuir os problemas causados, ou pela falta do registro, ou pelo registro feito de errônea. Isso porque grande parte dos empresários acaba buscando uma forma mais fácil e barata de tentar o registro, porém, sem ter o conhecimento especializado, se perdem no caminho, trazendo resultados em que apenas 15,4% dos pedidos de registros feitos pelo titular tem sucesso! Ou seja, quase 85% de quem tenta sozinho perde sua marca. E quando falamos de marca falamos de sonhos, tempo, dinheiro, FUTURO, trabalho e dedicação perdidos. Por outro lado, temos um sem número de cursos, imersões, palestras e eventos variados pelo país todo voltados ao público empreendedor, ensinando todo tipo de habilidades – vendas, gestão, comunicação, marketing. Mas, no fim, todos ensinam apenas como levar seus produtos ou serviços a mais pessoas e ganhar mais com isso. Eu mesma já participei de inúmeros desses eventos ao longo de mais de quinze anos. E juro, **nunca** vi **ninguém** falando da importância de registrar sua marca ou patente. NUNCA. Oras, se a lei de nosso país diz que apenas o registro validamente expedido pelo INPI concede a propriedade desse investimento, como pode acontecer de **ninguém falar sobre isso em cursos para empreendedores?** Nem em eventos, nem em faculdades e nem mesmo a maioria dos prestadores de serviço que desenvolvem marcas e produtos. Estranho não? Por isso, aceitamos com muito prazer colaborar com este livro, voltado ao público empreendedor, que move nosso país. Esperamos poder esclarecer e ajudar os nossos nobres e aguerridos empreendedores a escreverem histórias mais felizes e de sucesso com suas marcas por meio deste trabalho.

Quando comecei no mundo da propriedade intelectual, não tinha ideia da proporção que esse negócio tomaria, pois eu desconhecia sua importância para o desenvolvimento saudável das empresas. Um novo mundo se descortinou à minha frente. Conheci o Luiz Domiciano em 2010 – atualmente meu sócio. Iniciei os trabalhos fazendo buscas e tradução de patentes. Aos poucos, fui tomando consciência do valor da propriedade intelectual. Em pouco tempo nos casamos e passamos a trabalhar juntos. A paixão do Luiz pelo tema me contagiou. Ele, que atua na área desde 1972 e tem em seu portfólio grandes marcas brasileiras, além de patentes não menos importantes, me ensinava tudo que sabia, e minha curiosidade me fazia buscar outras fontes de aprendizado também. Lia livros, fazia cursos, assistia a vídeos. A cada reunião com clientes, meu interesse aguçava, e eu só queria entender cada vez mais sobre esse fantástico mundo da propriedade intelectual. Ele é tão vasto que poderíamos passar meses ou anos falando a respeito e o assunto não se esgotaria. Desde as músicas que ouvimos todos os dias até o colchão em que dormimos, os celulares que usamos, medicamentos que tomamos, cosméticos, perfumes, carros, computadores, livros, a ração dos animais, até mesmo os alimentos que comemos, TUDO faz parte do mundo da PI. Vou explicar.

Mas, afinal, o que é propriedade intelectual?

Patentes

Quando um inventor desenvolve um produto, caso seja uma novidade, ela pode ser patenteada. Pense nos primeiros rádios, celulares, computadores, motores, baterias, carregadores. Agora, caso seja um aperfeiçoamento de um produto já existente, é possível pedir a patente de MU (modelo de utilidade). Um exemplo que me vem na cabeça é um colchão que comprei uma vez que vibrava e massageava. Colchões existem há tempos, mas um que vibra e massageia é um aperfeiçoamento. Para vocês terem uma ideia, uma das patentes mais antigas é do arame farpado, patenteado inicialmente por Lucien Smith em 1867, e teve uma patente de aperfeiçoamento depositada em 1876 por Joseph Glidden. Naquele mesmo ano, ele produziu cerca de 50 km de seu invento. Dois anos depois, eram 423 mil km. Trinta anos mais tarde, ele morre sendo um dos homens mais ricos do país (METRÓPOLES FM, 2023).

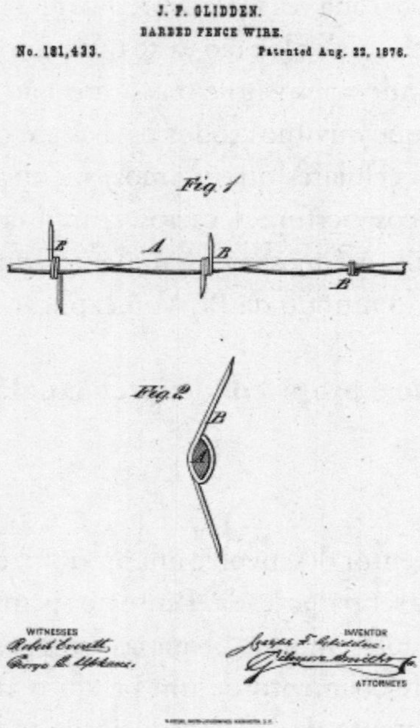

Como o arame farpado mudou a propriedade privada (As patentes podem, de fato, mudar o mundo. BBC, 2017).

Marcas

E cada um desses produtos precisam ter marcas. E essas marcas, para serem comercializadas pelo mundo, precisam ter seus registros. No Brasil, ainda não temos certas formas de proteção que existem no exterior, como sinais olfativos (registradas principalmente por empresas que desenvolvem fragrâncias) ou sonoros – A MGM® tem a marca do rugido do leão da abertura dos filmes.

MGM – Entertainment – Roaring Lion 73555319*(uspto)*

Desenhos industriais

Além das patentes e das marcas, temos os desenhos industriais, que protegem a forma plástica, mas não a funcionalidade. Por exemplo: Se você desenvolver um relógio, como os *smartwatches*, com funcionalidades originais, poderá *patenteá-lo* (se seguir os requisitos). Mas caso sua ideia seja desenvolver um relógio com suas *funções normais, mas com um design totalmente inovador*, você pode obter o registro de *desenho industrial* (DI). Isso vale para stands de venda, embalagens, carros, óculos, estampas, xícaras, aviões etc. Para você ter uma ideia, a Apple® registra o DI de suas embalagens e celulares.

Indicação geográfica

Outro tipo de proteção muito interessante, mas pouco conhecido, é a Indicação Geográfica, e a melhor maneira de explicá-lo é dando um exemplo: os espumantes que estouramos nas festas só podem ser chamados de *Champagne* se tiverem sido produzidos na região de Champagne, na França.

O registro de Indicação Geográfica (IG) é conferido a produtos ou serviços que são característicos de seu local de origem, o que lhes atribui reputação, valor intrínseco e identidade própria, além de os distinguir em relação aos seus similares disponíveis no mercado. São produtos que apresentam uma qualidade única em função de recursos naturais como solo, vegetação, clima e saber fazer (*know-how* ou *savoir-faire*). O marco legal das Indicações Geográficas no Brasil é a Lei da Propriedade Industrial (nº 9.279/1996), que regula os direitos e obrigações sobre propriedade industrial e intelectual no Brasil (BRASIL, 2017).

Direitos autorais

Para *programas de computador*, a proteção é por direitos autorais com base na lei nº 9.609/1998, e a lei nº 9.610/1998 protege os autores e suas obras artísticas, didáticas, científicas ou literárias, protegendo também, por meio dos direitos conexos, aqueles que trabalham em sua reprodução, como intérpretes, músicos executantes e produtores fonográficos. O mundo artístico movimenta bilhões em propriedade intelectual pelo mundo. Vejamos: "Justin Bieber vendeu os direitos de seu catálogo por US$ 200 milhões, segundo informações da AFP." E "**Katy Perry**, de 38 anos, concluiu recentemente a venda dos direitos de seus cinco álbuns de estúdio para o grupo **Litmus Music**. Com a negociação, a cantora receberá o montante de US$ 225 milhões (cerca de R$ 1,1 bilhão) da empresa, que passará a gerir o catálogo" (EXAME, 2023). Sem falar na indústria de games, que fatura bilhões por ano e traz muita tecnologia e obras artísticas embarcadas. Em um game, podem ser feitos os registros da *marca*, o registro para a proteção do *software*, a *proteção das histórias, personagens, cenários e músicas por meio do direito autoral, e em alguns casos a patente ou desenho industrial.*

Mas nem sempre eu entendi sobre a matéria, e ainda estou aprendendo! Muitos de vocês devem estar se perguntando, pra que tudo isso? Eu vivi até agora sem nada disso. Por que registrar agora? Por que me preocupar agora? Vejamos:

Para que registrar?

Há uns anos, o registro de marca era restrito a grandes e médias empresas, por vários motivos. Um deles era porque a cultura no país era de arrumar um bom emprego, em uma boa empresa, e ali se aposentar. Não havia ainda esse *boom* do empreendedorismo. Outro ponto era a dificuldade de *encontrar* um concorrente que pudesse estar copiando você. Não havia as redes sociais para nos aproximar tanto, e as empresas, dependendo de seu porte, podiam passar todo seu tempo de vida sem encontrar seus concorrentes copiões. Então a preocupação com os registros era quase nula. Basicamente, só quem anunciava na TV registrava. Por isso, também se criou o mito de que registros eram muito caros.

A realidade de hoje é outra: antes mesmo de abrir um CNPJ, o empreendedor já abre conta nas redes sociais e começa a vender, até mesmo para outros estados. Há empreendedores que vendem seus produtos e serviços para fora do país sem ter a documentação básica da empresa.

Tudo está muito rápido, inclusive seu concorrente. Com a internet, é muito fácil de seu cliente o encontrar, mas é mais fácil ainda seu concorrente conseguir isso. E, com um deslize, ele vai engolir você. Se houver violação de marca, ele notificará com certeza. Se você tiver uma marca bonita sem registro, com um *print* ele copiará você sem dó. Vemos isso com incrível frequência, infelizmente! Fora a legião de "empresas" de registros que inundam o mercado com promessas impossíveis de serem cumpridas: "Caso você não registre sua marca conosco hoje, vamos dar a preferência para seu concorrente. Caso você não pague este boleto, vai perder sua marca. Comigo seu registro é mais rápido e mais barato." Uma dessas empresas está sendo processada em vários milhões de reais por tais práticas antiéticas e ilegais.

Tudo isso faz que o empreendedor fique perdido, sem saber como proceder. Na dúvida, ou faz sozinho mesmo ou cai na armadilha de dizer: "Ah! Se acontecer isso eu mudo minha marca." Nada pior do que isso. Afinal, esse tipo de alteração pode trazer grandes prejuízos ao seu negócio, como foi o caso da Sodiê® Doces.

A marca inicial era Sensações Doces, porém, já havia a marca Sensação®, registrada desde 30 de maio de 1958 pela Nestlé

S/A. Assim, além de ter que alterar toda a identidade visual da empresa, eles também tiveram que pagar a mudança de todos os seus franqueados, o que rendeu um prejuízo de milhões e quase quebrou a empresa.

Há, porém, histórias muito felizes quando o empresário toma os cuidados recomendados. Temos vários casos de clientes que, por terem a marca registrada, conseguiram ótimas oportunidades de negócios. Por exemplo, um cliente que precisava regularizar sua marca (que estava em uso há mais de 20 anos sem registro) porém era de titularidade de outra empresa. Conseguimos contato com essa empresa e negociamos a compra da marca, o que deixou nosso cliente muito feliz. Há também outra história em que o cliente, que era pequeno e estava no começo do negócio, foi procurado por uma gigante bilionária americana para a compra da marca, que acabou sendo negociada por **milhões**, trazendo a este pequeno empresário que mal havia completado a maioridade uma alegria imensa e muito dinheiro no bolso. Outro caso importante foi o da marca Fogo de Chão, que foi registrada por Luiz (coautor neste capítulo), e que foi vendida a um fundo americano por U$ 250 milhões. Um dos clientes mais ilustres da casa nos EUA era o ex-presidente americano George W. Bush. Mas lembre-se sempre: **marcas só podem ser vendidas, compradas ou licenciadas caso estejam devidamente registradas**.

Expansão dos negócios sem assegurar os direitos de propriedade de suas marcas ou patentes pode causar grandes problemas ao empresário. Porém, o cuidado correto pode trazer muito lucro e investimentos, pois investidores procuram segurança, e quando veem que a propriedade intelectual está sendo bem cuidada, investem sem medo.

Fases do registro de marca

1. Busca prévia com análise de registrabilidade da marca.
2. Pedido de registro.
3. Publicação do pedido.
4. Deferimento do pedido.
5. Concessão do registro.

Ainda existe um mundo a ser explorado em se tratando de propriedade intelectual! Mas a mensagem que fica, e que é importantíssima, é: abra os olhos com carinho para este tema. Sua marca ou patente vale muito dinheiro. Para franquear seu negócio, é necessário pelo menos o pedido de registro. Seus direitos autorais também têm valor. Cuide bem de seu portfólio. E sempre tome cuidado com a escolha de sua marca. A Lei 9.279/1996, em seu artigo 124, lista 23 incisos tipificando expressões, palavras, símbolos ou figuras que não podem ser registrados como marcas. Utilize isso como guia para não cometer erros ao nomear sua empresa ou seu produto. E, na dúvida, sempre procure suporte especializado. Lembre-se de que, nos dias atuais, o bem mais valioso dentro de uma empresa é o seu capital intelectual claramente definido em tratado centenário de que o Brasil faz parte como país fundador, a Convenção da União de Paris para Proteção da Propriedade Industrial de 6 de março de 1883: *pro brasilia fiant eximia* (pelo Brasil façam-se grandes coisas).

Referências

BBC. Como o arame farpado mudou a propriedade privada. *BBC News*, 10 jul. 2017. Disponível em: <https://www.bbc.com/portuguese/geral-40494428>. Acesso em: 10 jul. de 2024.

BRASIL. *O que é Indicação Geográfica (IG)*. Ministério da Agricultura, Pecuária e Abastecimento. Disponível em: <https://www.gov.br/agricultura/pt-br/assuntos/sustentabilidade/indicacao-geografica/o-que-e-indicacao-geografica-ig>. Acesso em: 10 jul. de 2024.

BRASIL. *Brasil teve 1,3 milhão de empresas abertas no 1º quadrimestre de 2023*. Ministério do Desenvolvimento, Indústria, Comércio e Serviços. Disponível em: <https://www.gov.br/mdic/pt-br/assuntos/noticias/2023/maio/brasil-teve-1-3-milhao-de-empresas-abertas-no-1o-quadrimestre-de-2023>. Acesso em: 10 jul. de 2024.

EXAME. Katy Perry vende os direitos de suas músicas por R$ 1,1 bilhão, diz revista. *Exame*. Disponível em: <https://exame.com/pop/katy-perry-vende-os-direitos-de-suas-musicas-por-r-11-bilhao-diz-revista/>. Acesso em: 10 jul. de 2024.

METRÓPOLES FM. 24 de novembro de 1874: patenteada a invenção que enfurece os cowboys. *Metrópoles,* Brasília, 24 nov. 2023. Disponível em: <https://www.metropoles.com/metropoles-fm/24-de-novembro-de-1874-patenteada-a-invencao-que-enfurece-os-cowboys>. Acesso em: 10 jul. de 2024.

NEVES, M. P. *Desafios no registro de marca no Brasil em 2023.* São Paulo: Lumen Juris, 2023.

16

OBRIGAÇÕES TRABALHISTAS
COMO PREVENIR AÇÕES JUDICIAIS

Neste capítulo, abordaremos a importância de conhecer a legislação trabalhista de maneira prática, fácil e eficiente. É fundamental que todo empresário esteja ciente das leis e dos regulamentos trabalhistas para evitar problemas futuros. Além disso, discutiremos as principais obrigações trabalhistas que devem ser cumpridas pelas empresas. Abordaremos também as consequências de não cumprir com as obrigações trabalhistas, como multas e pagamentos adicionais. Este capítulo dedica-se a mostrar como diminuir, de maneira considerável, os riscos jurídicos e reduzir os pagamentos excepcionais ao funcionário, tudo isso dentro das leis atuais e com garantias jurídicas. Por fim, apresentaremos algumas dicas práticas para garantir o cumprimento das leis trabalhistas e evitar problemas legais.

MAÍRA PRANCHES

Maíra Pranches

Como advogada, atuo no campo do direito empresarial, fornecendo orientação jurídica essencial para empresas de diversos setores e tamanhos. Nesta biografia, gostaria de compartilhar um pouco da minha experiência profissional e dos serviços jurídicos que ofereço aos empresários. Sou formada em Direito e pós-graduada em Direito do Trabalho e Direito Empresarial. Ao longo dos anos, adquiri ampla experiência em questões legais que envolvem empresas, desde a sua fundação até questões mais complexas de fusões, aquisições e reestruturações. Além disso, trabalho com contratos comerciais, propriedade intelectual, direito do trabalho, regulação e conformidade, entre outras áreas relacionadas. Meu principal objetivo é auxiliar os empresários a garantir a conformidade legal em todas as suas operações, minimizando riscos e maximizando oportunidades. Isso inclui revisão e elaboração de contratos, auxílio na resolução de disputas, consultoria em questões contratuais e regulatórias, aconselhamento estratégico, além de assessoria em questões de governança corporativa.

Contatos
www.rodriguespranches.com.br
maira@rodriguespranches.com.br
Instagram: @rodriguespranches
LinkedIn: Maíra Rodrigues Pranches

Acabe com as horas extras

O pagamento das horas extras, além de custoso ao empresário, também pode gerar insatisfação entre os funcionários.

É importante considerar que o pagamento das horas extras pode afetar o fluxo de caixa da empresa, principalmente em momentos de crise.

Aqui, mostro como pagar horas extras substituindo-as por banco de horas.

O banco de horas é uma alternativa legalmente válida para evitar o pagamento de horas extras aos funcionários. Com ele, as horas extras trabalhadas são compensadas por meio de folgas futuras, sem a necessidade de pagamento adicional. Além disso, o banco de horas permite uma melhor gestão do tempo e da produtividade da equipe.

Dessa forma, é possível reduzir custos e evitar possíveis passivos trabalhistas. Portanto, adotar o banco de horas pode ser uma estratégia vantajosa para a empresa.

O banco de horas é regulamentado pela Consolidação das Leis do Trabalho (CLT) e pode ser implementado a todas as empresas, desde que respeitados os seguintes aspectos:

- Estabelecer a adoção do banco de horas por meio de acordo individual escrito entre empregado e empregador, desde que não exceda o limite máximo de 10 horas diárias e a compensação ocorra dentro do período máximo de 6 meses.

- A adoção do banco de horas por intermédio de acordo coletivo de trabalho pode ser uma maneira prática e eficiente para grandes empresas, devendo ser negociado entre o sindicato dos trabalhadores e o representante legal do empregador.
- A compensação das horas trabalhadas a mais no banco de horas deve ser feita com folgas em outro dia, sem incidência de pagamento de horas extras.
- Mensalmente, o empregador deve informar ao empregado sobre o saldo de horas do banco.

Vale ressaltar que é fundamental que o acordo seja feito de modo transparente e que as condições sejam justas para ambas as partes.

Não registre funcionário

Registrar funcionários pode ser um processo custoso para os empresários, pois envolve uma série de despesas e responsabilidades, como encargos sociais, benefícios trabalhistas, impostos, entre outros.

A terceirização de serviços está prevista na legislação trabalhista brasileira, especificamente na Lei nº 13.429/2017, conhecida como Lei da Terceirização. Essa lei regulamenta a contratação de serviços terceirizados por empresas, estabelecendo as regras e responsabilidades das partes envolvidas.

A terceirização pode trazer vários benefícios para uma empresa, incluindo:

Redução de custos: ao terceirizar certas funções, a empresa pode reduzir os custos associados à contratação de funcionários em tempo integral, como salários, benefícios e custos de treinamento.

Flexibilidade: a terceirização permite que a empresa se adapte rapidamente às mudanças nas demandas do mercado. Se houver uma necessidade temporária de aumento de capacidade, é possível contratar mais serviços terceirizados. Porém, se houver uma redução na demanda, é mais fácil reduzir ou encerrar os contratos com os prestadores de serviços.

Redução de riscos: a terceirização pode ajudar a empresa a mitigar riscos, transferindo-os para o provedor de serviços. Isso pode incluir riscos trabalhistas, conformidade regulatória e responsabilidades legais.

Para terceirizar um serviço de acordo com a lei trabalhista, é importante seguir os seguintes passos:

- Elaboração de um bom e completo contrato de prestação de serviços: é importante que esse contrato estabeleça claramente as atividades a serem realizadas, os prazos, a remuneração, as obrigações e responsabilidades de cada parte.
- Verificação da regularidade da empresa terceirizada: antes de formalizar a contratação, verifique se a empresa terceirizada está regularizada junto aos órgãos competentes, como o Ministério do Trabalho e a Receita Federal.
- Responsabilidade subsidiária: de acordo com a Lei da Terceirização, a empresa contratante é subsidiariamente responsável pelas obrigações trabalhistas da empresa terceirizada. Portanto, é importante acompanhar o cumprimento das obrigações trabalhistas pela empresa terceirizada, como pagamento de salários, encargos sociais e fornecimento de benefícios.

Vale lembrar que é fundamental consultar um advogado especializado em direito do trabalho para garantir que todos os procedimentos estejam em conformidade com a legislação vigente.

Contrate microempresários individuais (MEIs)

Contratar um MEI (microempreendedor individual) pode trazer várias vantagens para uma empresa.

O MEI é um modo de formalização para pequenos empresários, permitindo que exerçam suas atividades de maneira legal e simplificada. O MEI pode prestar serviços ou fornecer produtos para outras empresas, podendo até mesmo ser contratado como funcionário.

Contratar um MEI pode ser mais econômico do que contratar um funcionário com carteira assinada. Ele paga apenas uma taxa mensal fixa, que engloba os impostos e contribuições sociais, o que simplifica o processo e diminui os custos.

A formalização de um MEI é um processo simples e rápido. Não há necessidade de elaborar contratos complexos nem de lidar com diversas obrigações fiscais e trabalhistas. Isso agiliza o processo de contratação e facilita a gestão do negócio.

O MEI pode ter até um funcionário registrado, o que oferece flexibilidade para empresas que precisam contratar mão de obra adicional, mas não têm capacidade para contratar um número maior de funcionários.

Ao concluir este capítulo, é crucial ressaltar que o campo do direito trabalhista está em constante evolução, refletindo as transformações sociais, econômicas e tecnológicas de nossa era. A compreensão dos princípios fundamentais, das normas jurídicas e das jurisprudências relevantes é essencial para advogados, juízes, acadêmicos e profissionais interessados em lidar com questões laborais. Ao mesmo tempo, é imperativo reconhecer a importância de um sistema jurídico que promova relações de trabalho justas, equilibradas e inclusivas para todos os membros da sociedade. Que este capítulo sirva como um guia útil e inspirador para aqueles que buscam compreender e aplicar os princípios do direito trabalhista em nosso contexto contemporâneo.

17

PLANEJAMENTO PREVIDENCIÁRIO PARA A PESSOA FÍSICA E A JURÍDICA

O planejamento previdenciário envolve estratégias financeiras para garantir segurança financeira na aposentadoria. Considera idade, contribuições e benefícios, otimizando aposentadoria. Empresários devem considerar diversificar investimentos, contribuir regularmente e monitorar benefícios previdenciários para garantir uma aposentadoria estável. O estudo do empresário vai abarcar a pessoa física e a jurídica.

MÔNICA QUINTINO

Mônica Quintino

Apaixonada pela minha família e pela vida, por pipoca e vinho, filha do Sr. João Quintino, motorista de ônibus, e da Dona Marinete Quintino, do lar – minhas referências diárias. Casada, há 19 anos, com meu parceiro de vida, Milton Miyamoto, e mãe do Marcus e da Vitória – meus amores. Sou guarulhense nascida e criada nessa cidade, onde passei a infância e a vida adulta e hoje sou profissional feita em Guarulhos, São Paulo. Estudei no Colégio Conselheiro Crispiniano e me formei em Direito na Universidade de Guarulhos no ano de 2008. Já trabalhava no Escritório de Advocacia Solange Cruz Lins, hoje sou CEO do Escritório de Advocacia Quintino & Associados, especialista em Direito do Trabalho e Processo do Trabalho pela Instituição Proordem, especialista em Direito Previdenciário e Processo pelo Legale Educacional. Fiz diversos cursos de extensão e atualização na Escola Superior da Advocacia – OAB e participei de congressos no Instituto Brasileiro de Direito Previdenciário, além de realizar palestras e participar de simpósios.

Contatos
monica.quintino.adv@gmail.com
Instagram: @dra.monicaquintino
11 97502 8505

A vida é um plano constante, desde o nascimento até a morte. É fato que alguns acontecimentos fogem de nossa programação de vida, mas ainda assim de imediato já reinventamos novos projetos e novas saídas para esses desencontros.

Planejar quer dizer elaborar um plano ou criar um roteiro, organizar e programar algo, e a melhor definição para o planejamento é a programação.

Programamos uma viagem, um final de semana, uma compra, como vamos pagar as contas daquele mês, como angariar clientes, enfim, da hora que acordamos até a hora de dormir são programados o dia, a semana, o mês, o ano, a vida. Se vamos concluir a programação isso é um detalhe, contudo passamos grande parte de nosso tempo programando algo para nossa vida. E os planos para longo prazo muitas vezes acabam ficando na gaveta, aguardando um dia quem sabe colocá-los em prática.

É uma situação bem recorrente no que diz respeito ao planejamento previdenciário. Muitos só se lembram da Previdência Social quando realmente precisam usá-la, mas muitas vezes o tempo já passou e a falta de planejamento e programação não vai deixar você e nem seus dependentes usufruírem de nenhum benefício do INSS.

Às vezes, um cenário um pouco mais caótico ocorre quando alguns contribuíram, pagaram e não vão ter nenhum retorno, nenhuma vantagem, pois fizeram de maneira aleatória, sem programação, sem uma orientação adequada para desfrutar desses investimentos no momento certo da vida.

O planejamento previdenciário consiste em um estudo de todo o histórico de contribuição da pessoa, saber em qual modalidade ela contribuiu, quais os valores das contribuições, e a conclusão desse estudo é analisar idade *versus* tempo de contribuição, evitar desperdício de dinheiro, verter contribuições que realmente vão servir para o cálculo do valor do benefício.

Trata-se de um estudo voltado totalmente para o futuro que visa proteger você e indicar-lhe um caminho para alcançar o benefício mais vantajoso e a melhor aposentadoria. Visa também trazer segurança quando ocorrer alguma fatalidade da vida.

É muito importante ressaltar que esse trabalho é individual e personalíssimo, porque cada pessoa tem um histórico de contribuição, um ambiente de trabalho diferente, cargo, profissão, sexo, então seu estudo de caso não se estende para outras pessoas.

O primeiro passo é o atendimento, quando vamos colher informações de toda a vida trabalhista do cliente, traçar uma linha do tempo. É preciso verificar todas as contribuições e simular dentro das diversas modalidades de aposentadoria, seja por tempo de contribuição, idade, seja por pontos, e definir a que melhor se encaixa com o perfil identificado.

Fazemos uma espécie de investigação pessoal. A parte física e emocional é muito importante. Às vezes, nessa triagem identificamos algum direito voltado à incapacidade do cliente, possivelmente algum benefício por incapacidade.

Nesse estudo, vamos simular novas contribuições com diferentes valores, assim teremos vários resultados para escolher e adequar da melhor maneira possível.

Resumidamente, fazer o planejamento previdenciário é saber a hora certa para requerer a aposentadoria, tendo ciência das possíveis vantagens e desvantagens de requerer antes ou depois da data que o estudo concluiu. É o momento ideal para aumentar o valor das contribuições e simular se isso vai impactar no valor do benefício, decidir se quer agora ou se vai aguardar, claro, tudo baseado na legislação vigente à época da elaboração do planejamento previdenciário.

Ao longo de nossa trajetória aqui no escritório, percebemos que muitos clientes, por falta de planejamento, deixam de contribuir em algum momento da vida e não percebem que isso causa uma enorme desvantagem. Essa pausa pode deixar aquelas contribuições perdidas, pois não atingiram nenhum objetivo.

Vamos ver o exemplo: atualmente, uma mulher, para se aposentar na modalidade idade, precisa comprovar idade mais o tempo de contribuição necessário, ou seja, 15 anos de contribuição + 62 anos de idade. Vamos imaginar que ela tinha 10 anos de contribuição aos 57 anos de idade e deixa de contribuir por algum motivo, quando completar seus 62 anos de idade não vai conseguir se aposentar, porque falta o requisito tempo de contribuição, e se ela não voltar a contribuir esses 10 anos vertidos não servirão para nada, serão perdidos.

Ela deve voltar a contribuir aos 62 anos por mais 5 anos para completar o requisito tempo de contribuição, mas veja bem, essa mulher poderia se aposentar aos 62 anos de idade, com essa pausa vai se aposentar aos 67 anos, e, claro, torcendo para que nesse período a legislação permaneça a mesma.

Tal evento, se exposto a um especialista anos antes, com certeza teria sido sinalizado e explicado a essa mulher sobre o risco e perda de tempo.

Ao deixar de contribuir, além de perder a qualidade de segurado, vai deixando a aposentadoria cada vez mais distante. O fato é que, para se aposentar, é necessário contribuir. Sem contribuição, não tem benefício.

Um dos clássicos da banda Legião Urbana, *Tempo perdido*, por analogia, relata bem a vida dos que deixam de contribuir: "Todos os dias quando acordo não tenho mais o tempo que passou..." O tempo é realmente um pressuposto fundamental para a concessão de qualquer benefício no INSS, seja o tempo de contribuição ou o tempo idade.

Para requerer alguns benefícios, é necessário cumprir a carência, já outros são isentos, mas sempre vamos nos deparar com o tempo para requerer qualquer benefício, ora idade, ora tempo de contribuição e ora período de carência.

Manter a qualidade de segurado, ou seja, estar em dia com as contribuições do INSS, não é somente um caixa para a futura aposentadoria e, sim, para manter um requisito preliminar para requerer outros benefícios, como:

- Auxílio-doença (benefício por incapacidade).
- Aposentadoria por invalidez (aposentadoria por incapacidade permanente).
- Auxílio acidente (indenização para quem sofreu acidente ou doença ocupacional e teve sequelas).
- Pensão por morte.
- Auxílio-reclusão.
- Auxílio-maternidade.

Pode surgir o questionamento se é necessário um planejamento previdenciário para mim, pois quase não contribuí durante toda a minha vida. Eu respondo que o planejamento é viável para todos que contribuem para a Previdência Social e que almejam uma boa aposentadoria no futuro.

Agora uma informação precisa ser muito clara. Todas as informações prestadas e todo o estudo precisam ser devidamente comprovados, todas as contribuições devem ser demonstradas por meio de provas. Seguem alguns exemplos de documentos necessários:

- CNIS.
- Carteira de trabalho.
- Guias de recolhimento de INSS (os carnês).
- Declaração de imposto de renda.
- Holerites.

- Contratos de trabalho.
- Extrato analítico de FGTS.
- Termo de rescisão de contrato de trabalho.
- CNPJ e contrato social para os empresários ou autônomos.
- Certidão do tempo militar se prestou esse serviço.
- Ficha funcional e financeira quando tem serviço público.

Sabe aquela reclamação trabalhista que você ingressou em face de alguma empresa durante sua trajetória de vida? Talvez ela possa ajudar na hora de se aposentar. É de suma importância trazer essa informação na hora da triagem. Dependendo da decisão desse processo, podemos aproveitar e aumentar seu tempo de contribuição e, consequentemente, se aposentar mais cedo.

Não podemos deixar de falar do planejamento previdenciário do empresário, aquele que vive em ritmo bem intenso e acelerado. Com isso, pode passar desapercebida a percepção de programar a aposentadoria.

Se tem uma categoria de contribuinte que pensa sempre no futuro é o empresário. A própria atividade exige essa capacidade de enxergar adiante, mas normalmente não coloca no seu *planner* a possibilidade de se aposentar.

A forma mais comum de um empresário contribuir para o INSS é por um pró-labore. Normalmente, por questões tributárias, estipula-se o valor de um salário mínimo, e na sequência as contribuições previdenciárias também serão em cima desse valor.

E qual o problema de contribuir para o INSS em cima de um salário mínimo? A tendência é que esse empresário vai se aposentar com um salário mínimo. Será que um empresário se aposentando com esse valor atende às suas reais necessidades financeiras? Se fizer um planejamento previdenciário, pode contornar essa realidade?

Eu vou responder para esse empresário: Depende! Porque vai depender, primeiramente, do histórico de trabalho dele e de sua vida profissional no momento atual. Feito isso, vamos ter que analisar qual o tipo de empresa, qual o lucro anual e como foram feitas as contribuições. Aqui realizamos um estudo da vida pessoal do empresário junto com as contribuições vertidas até quando se tornou sócio dessa empresa.

Além disso, todas aquelas investigações feitas nos casos da pessoa física também faremos para o empresário. Precisamos saber se antes de ele se tornar sócio trabalhou com carteira assinada, se houve contribuições de maneira compulsória ou individual. Nesses casos, vamos juntar todas as contribuições vertidas pelo empresário, tanto antes quanto depois de se tornar uma pessoa jurídica.

Para escolher uma boa estratégia na elaboração do planejamento previdenciário do empresário, vários fatores devem ser observados: tipo da empresa, enquadramento tributário, se Simples Nacional, lucro real ou lucro presumido.

Melhorar o valor de sua aposentadoria não se resume apenas em aumentar o valor do pró-labore. Na hora de calcular, devem ser levadas em consideração algumas despesas, como o imposto de renda e outros tributos que o empresário paga em decorrência de seu enquadramento.

Após a Reforma da Previdência que ocorreu em novembro de 2019, fazer o planejamento previdenciário se tornou quase uma obrigação para os empresários, pois nesse momento podemos desenhar e visualizar seu passado, presente e futuro, visando atingir um valor benevolente ao tanto que desembolsou.

A necessidade de fazer um planejamento previdenciário tanto para a pessoa física como para a pessoa jurídica é estudar com base nas informações coletadas e evidenciar para o contribuinte o valor que precisa fazer de contribuição hoje para alcançar o melhor benefício amanhã.

Certamente, um planejamento previdenciário feito para um empresário visa garantir que ele possa manter seu padrão de vida quando decidir encerrar suas atividades, e caso o valor revelado não seja o suficiente para manter esse padrão, estará ciente que precisa investir em outros negócios para manter o perfil desejado.

Realizar o planejamento previdenciário torna visíveis e claros os recolhimentos equivocados, a atualização de documentos e dados cadastrais, a possibilidade de contribuição em atraso, Fazer de maneira séria e profissional deixa tudo às claras para na hora de requerer o benefício ter a concessão com mais agilidade.

Por esse motivo, quanto antes começar o planejamento e colocá-lo em prática, mais fácil será atingir um resultado satisfatório quando requerer a aposentadoria, e ainda ajustar o que é necessário para conseguir o melhor resultado.

Em resumo, o planejamento previdenciário é fundamental para ajudar as pessoas a tomarem decisões informadas e estratégicas em relação à sua aposentadoria, a fim de garantir que elas tenham recursos financeiros suficientes para viver confortavelmente durante essa fase da vida.

É importante consultar um profissional financeiro ou um especialista em previdência para obter orientação personalizada, pois as circunstâncias individuais variam e as leis previdenciárias podem mudar ao longo do tempo.

Um planejamento adequado permite que você aproveite ao máximo os benefícios previdenciários disponíveis. Isso pode incluir a decisão sobre a idade em que você vai se aposentar, a maximização dos valores dos benefícios mensais e a escolha de estratégias que possam aumentar o valor total recebido ao longo da aposentadoria.

Veja que ao longo dessa narrativa o fator predominante para executar um planejamento previdenciário é o TEMPO. Durante todo o estudo, será avaliado o tempo.

Não temos pouco tempo, mas desperdiçamos muito"
Sêneca (Sobre a brevidade da vida).

Referências

LEGIÃO URBANA. Tempo Perdido. In: *DOIS.* São Paulo: EMI, 1986. Faixa 3 (4 min).

SÊNECA. *Sobre a brevidade da vida* – Edição Bilíngue. [s.l.] Edipro, 2020.

18

IMAGEM E AÇÃO

Cada um de nós tem um mapa contido de tudo que trilhou e deseja trilhar, um mapa que não leva a um tesouro, mas é o próprio. Esse mapa é intransferível e reluz sua *sui generis*. Neste capítulo, compartilho com vocês um pouco do meu mapa e, neste momento, nossos mapas se conectam para que a gente possa exercer os combustíveis do sucesso: compartilhar e movimentar.

NILTON STORINO JUNIOR

Nilton Storino Junior

Graduado em Comunicação Social com ênfase em Jornalismo, Nilton Storino Junior é o fundador da Wayart, empresa de produção audiovisual e fotografia que nasceu em 2011 no interior paulista, em São Carlos, e hoje tem seu escritório e estúdio físico localizado em São Paulo, capital. A empresa já atendeu clientes nacionais e internacionais em mais de 40 cidades e se empenha em colaborar para que seus clientes consigam cada vez mais resultados a partir da comunicação com imagens. Além de criar conteúdo profissional, Nilton também é mentor de empresas para aprimoramento de produção audiovisual e fotográfica com uso até mesmo de celulares. Contribui para que líderes e times avancem na produção de conteúdos empresariais atualizados com nossa era comunicacional.

Contatos

www.wayart.com.br

contato@wayart.com.br

11 3214 1799 (apenas Whatsapp)

A existência é para mim o maior ato de sucesso. Estar neste mundo e poder buscar, encontrar e cumprir com meu propósito me faz perceber o sucesso como não simplesmente um destino final, mas uma jornada marcada por constantes altos e baixos, até porque viver é isso, um dia por vez, um desafio por vez, uma perda por vez, uma conquista por vez. Enfrentar esta trilha sinuosa guiada pela persistência, onde os momentos fáceis e difíceis podem e vão se entrelaçar, eis o sucesso. É a tentativa, a jornada, o querer, é dar o seu melhor, respeitar seus limites, superar seus limites, se conhecer, se encontrar, é experimentar, e mais, é poder se conectar.

Quando pensamos em um mapa do sucesso, não se trata de um elemento para encontrar o sucesso, mas de sabores encontrados que você também pode experimentar dentro de sua experiência.

Tem tanta coisa que a gente já enfrentou, perdeu para depois ganhar, e por isso podemos ajudar nos desafios de outras pessoas.

Como nasci empreendendo – justamente porque queria trazer solução para minha família nascendo um mês antes e deixando a vida deles mais feliz do que o esperado (risos) –, não tive tempo de descobrir como seria minha vida se não como empreendedor.

Para os que, como eu, foram escolhidos para a missão de despertar sensações e emoções, ao trazer soluções para outras pessoas, o sucesso empresarial é a nossa constância. Para esse movimento, trago um capítulo prático que está, sobretudo, solidificado em princípios ativos e ativações.

Quando a coisa ficou séria e eu descobri que existia o tal do dinheiro, queria que fosse o meu e não o do meu pai. Comecei a vender pipa. Estamos falando do Júnior de 9 anos de idade que depois vendeu raspadinha, juju, bijuteria, só nunca vendeu resposta para as provas na escola, porque mesmo sendo o CDF da sala, adorava a turma do fundão, fazia amizade com todo mundo e passava a cola de graça mesmo.

Muitos consideram que tenho sucesso como empresário, e eu tenho certeza disso. Hoje tenho finalmente minha empresa na Avenida Paulista, em São Paulo, tenho um time de colaboradores, já viajei para alguns países, mas olha só, nada disso tem a ver com o que eu considero meu sucesso profissional.

Então, vim ilustrar o mapa do sucesso que tenho para compartilhar dentro de minhas principais habilidades: audiovisual, fotografia, comunicação. Mas antes vamos fazer um breve passeio por onde está e como é esse mapa.

Meu mapa do sucesso é pavimentado com persistência, uma estrada que não segue uma linha reta, mas sim uma trilha sinuosa, repleta de desafios e reviravoltas.

A convicção é a bússola que me guia, a crença inabalável de que, independentemente dos obstáculos, sempre encontrarei um caminho. Essa certeza eu não posso perder, senão não vou encontrar mais nenhum caminho, é como se o mapa se apagasse.

Os marcos nesse mapa são definidos por objetivos pessoais – esses às vezes mudam ou mutam – e valores sólidos, que foram adquiridos e passaram a residir em meu mapa sem viés para despejo.

Cada objetivo se torna um farol a guiar meu progresso. Alguns são tão antigos que parecem ter nascido comigo, mas não posso perdê-los de vista.

Qual é o problema de uma caminhada de anos? À medida que avanço, encontro estações de aprendizado que geram momentos de reflexão. Eu, particularmente, amo essas partes do mapa.

A estrada do sucesso nunca é isolada. Ela está repleta de conexões com outras pessoas, família, amigos, parceiros de viagem, mentores e colegas que enriquecem a jornada. Eu acabo tendo acesso a tantos mapas, e isso torna a experiência ainda mais sublime.

A empatia e a colaboração são trilhas paralelas que tornam a caminhada mais significativa. É onde me vejo no mapa neste exato momento!

As pessoas se assustam com o infinito, mas este mapa leva você para lá. Uma experiência contínua e sem fim até o último dia da minha vida.

Por mais que você possa ter gostado de conhecer, ou detestado, um pouquinho sobre meu mapa, ele é só meu, único e intocável. A boa notícia é que o seu é tão único quanto e seu sucesso pode ser ininterrupto se você continuar se permitindo o movimento.

Não se trata nunca de ganhar ou perder, mas eu preciso dizer que se você estiver enfrentando desafios que têm deixado sua caminhada quase sem passos, não passe por isso sozinho. Sua conversa interna é muito importante nesse momento, porque, mesmo sem som, para quem passa e vê você, o barulho pode ser grande na mente.

Eu deixei para o final as dicas superlegais que tenho para compartilhar porque minha convicção é de que a técnica está sempre acima do chão. Lembra que comentei sobre os princípios ativos e ativações? As técnicas são as ativações. Os princípios ativos são todos esses lugares pelos quais passamos e que constroem nossa força, nossas certezas e permitem o movimento. Não podemos jogar como se por trás de um CNPJ não houvesse um CPF, não se “maquinize”.

Parece agora que vamos mudar de assunto, mas não. Eu descobri que quando não me sinto bem não consigo fazer meu trabalho como gostaria, não consigo entregar como gostaria ou como já fiz outras vezes e me senti satisfeito. E precisei descobrir também que não vou estar sempre bem e está tudo certo com isso. Preciso respeitar meus dias maus e, com cuidado comigo, me tirar dali. Na verdade, preciso me tirar sempre de onde não pertenço, de onde me limita ou me esvazia. Essa leveza e sensibilidade guiam meu sucesso, e espero que de alguma forma esses compartilhamentos possam ajudar você a criar algumas anotações e orientações em seu mapa.

Dez dicas para melhorar fotos e vídeos empresariais

Olha onde a gente chegou!

Aqui vão algumas dicas para você, empresário, que gostaria de melhorar, com algumas técnicas, a qualidade das suas produções. Afinal, na era da comunicação em que estamos, o visual não é mais um opcional para a maior parte das empresas, mas a regra do jogo para se destacar e transmitir qualidade, vontade e propósito.

Então fale, conte, compartilhe. É uma da formas mais rápidas para sua verdade ser lida.

Iluminação adequada

A iluminação uniforme costuma ser muito bem-vinda. Isso quer dizer que você deve identificar, no local onde se encontra, de onde está vindo a luz. Realmente olhe para cima e para os lados. Ela é artificial em sua maioria e vem de lâmpadas no teto? Então, tente não ficar embaixo dela, mas para trás e num ângulo aproximado a 45 graus para evitar que o nariz projete sombra abaixo ou nos olhos e escureça olheiras. O objetivo é justamente perceber as sombras indesejadas e fugir delas se movendo. Luz natural costuma ser uma das melhores opções para fotos, mas para vídeo é bom quando o dia não está cheio de nuvens passando. Essa variação de luz pode alterar até mesmo a temperatura de cor da filmagem em alguns casos, deixando trechos do vídeo mais amarelados ou mais azulados. Considero o bastão de led uma das melhores opções para empresas, pois você acaba tendo mais controle da iluminação. Para esses casos, costumo preferir usar a opção de luz fria.

Lente limpa

Parece a dica mais banal, mas faça um teste exatamente agora sem pular nenhuma etapa deste passo a passo:

- Pegue seu celular do jeito que ele estiver agora e apenas mire para alguma cena em que apareçam luzes, podem ser as próprias lâmpadas do escritório. Uma cena mais aberta, mas em que apareçam essas luzes.
- Tire a foto e guarde bem o enquadramento que você usou porque você vai fazer uma foto igual daqui a pouco.
- Agora pegue um papel higiênico. Não pode ser a camiseta, porque nem sempre o tecido dela dá certo. Limpe a lente (ou as lentes do celular) até ficar lisinha, sem marcas de dedos nem de gordura.
- Faça a mesma foto e compare.

Uma parece mais nítida, com mais cores, e a outra mais esbranquiçada e embaçada. É justamente isso, a luz não estava conseguindo passar pela lente devido à sujeira.

Não é que você precisa sempre levar um papel higiênico no bolso, mas ter um paninho como aqueles próprios para lentes de óculos é muito bem-vindo para você carregar junto com o celular. E, sim, tem que limpar exatamente todas as vezes antes de fazer uma foto ou filmagem, e isso vai melhorar absurdamente a qualidade das suas imagens.

Foco e composição

Mantenha o objeto principal em foco, tanto no sentido de ter nitidez (verificar se o foco está cravado no lugar certo), como no sentido de não misturar muita coisa na cena. Não tenha medo de mexer o celular e também a pessoa. Qualquer movimento curto tem efeito na composição porque você pode esconder coisas indesejadas e revelar outras.

Experimente diferentes ângulos e perspectivas para criar fotos mais interessantes e únicas. Não seja rápido quando está começando, tire um tempo para experimentar. Algumas regras existem, mas a oportunidade de quebrá-las e trabalhar um conceito, também!

No quesito regras, para vídeos de pessoas falando, costuma ser melhor colocar a câmera na direção dos olhos. Se seu celular tiver a opção 2x ou 3x, use-a! É ideal para tirar as distorções dos periféricos da lente e, consequentemente, ter menos distorção no rosto da pessoa em evidência. Não tenha medo de ir para trás se precisar de espaço para poder enquadrar corretamente quando usar essas opções de zoom.

As pessoas têm costume de fazer cliques com o celular muito perto do rosto. As lentes principais dos celulares, ou quanto ele tem uma só, costuma ser uma lente mais angular para conseguir captar mais amplitude, como fotos de grupos ou paisagens. Porém, essa mesma lente, encostada em um rosto, vai gerar muita distorção.

Faça o teste e fotografe o mesmo rosto de perto e de longe com zoom. Veja a diferença.

Edição de fotos e vídeos

O aplicativo nativo de edição de foto do celular costuma ser o suficiente para o que você deve precisar. Foque em aprimorar exposição e cores.

- Exposição: você pode aumentar um pouquinho quando a foto ficou escura. Se a foto ficou muito clara, tente melhorar isso abaixando os realces porque mexer na opção exposição pode acinzentar a cena. Aliás, costuma ser mais fácil arrumar uma foto que ficou escura do que uma que ficou muito clara. Então, na dúvida quando for clicar, prefira-a um pouquinho mais escura.
- Cor: não é só pôr filtro e achar que ficou lindo, porque isso pode tirar a mensagem de sua imagem, fazendo até parecer "de mentira". Cor é, principalmente, tirar um pouquinho de azul se ela ficou muito fria, trazer um pouco de rosa se ficou muito esverdeada, e por aí vai. Treine o olhar para ir percebendo esses tons, por vezes indesejados, e poder corrigi-los. Procure informações sobre "como corrigir a temperatura de cor em uma foto".

Para edição de vídeo, o aplicativo mais recomendado é o Capcut. Ele é muito intuitivo e tem muitos tutoriais na internet, no YouTube e no TikTok, principalmente. Não tenha medo de buscar conhecimento. Esses aplicativos estão cada vez mais apropriados ao uso de quem nunca editou um vídeo na vida e mesmo assim conseguirá mandar muito bem.

Escolha de cenário

Selecione cenários que reflitam a mensagem de sua empresa e adicionem contexto, mas não sofra com isso. O cenário pode ir desde fundos neutros (paredes) até cenas que precisem de um perfil mais corporativo, como uma mesa de escritório, um computador, e por aí vai. Lembre-se de que, se for na vertical, menos coisas aparecem, então usar uma opção de fundo desfocado (modo Retrato para fotos e modo Cinema para vídeos no iPhone) já ajuda bastante.

Pessoas em ação

Se apropriado, inclua pessoas em ação para dar vida a fotos e vídeos. Isso ajuda a criar conexão com o público. Pessoas se conectam com pessoas, então costuma ser muito valioso mostrar seu time, a verdade da rotina de vocês. Postar *stories* no Instagram ajuda a aumentar muito o engajamento e a entrega dos seus conteúdos.

Horizontal ou vertical

Tentarei ser o mais didático possível para quando você deve dar preferência a cada uma das opções, mas lembre-se, sua intenção sempre estará à frente das regras:

- Vertical: tudo que for publicar no Instagram (*feed*, *reels*, *stories*); vídeos e fotos no LinkedIn; *shorts* do YouTube; vídeos e fotos no TikTok; *status* no WhatsApp; *stories* no Facebook e foto ou vídeo único no Facebook.
- Horizontal: vídeos no YouTube.

Por que isso? As pessoas acessam a maior parte dos conteúdos pelo celular que, por ter uma tela vertical, seu conteúdo aparecerá maior, ou em tela cheia quando a pessoa estiver rolando o *feed*, o que ajuda muito a ganhar a atenção de quem está assistindo.

Áudio de qualidade

Se você tiver condição de usar dois celulares para gravar seus vídeos que tenham partes faladas com você ou outra pessoa olhando para a câmera, isso vai otimizar bastante o resultado. Um celular será usado para fazer a captação da imagem em vídeo, assim poderá focar no enquadramento adequado, mais longe da pessoa, evitando distorções, entre outras vantagens. O outro celular vai ficar o mais perto possível no limite de que não entre no enquadramento do vídeo.

Comece a gravar o vídeo e em seguida aperte para gravar o áudio, bata uma palma e pronto, a pessoa já pode começar a falar.

Quando você levar esse áudio e esse vídeo para o Capcut, vai ver no espectro (desenho) do áudio um pico logo no começo. Junte o pico do áudio do vídeo com o pico do áudio isolado e pronto, está sincronizado. Este pico é a palma que fez um barulhão e ajudou você a identificar o momento em que ela aconteceu.

Ouça para conferir se deu tudo certo e depois é só deixar mudo o áudio da câmera que fez a filmagem.

Roteiro e storytelling

Planeje um roteiro claro e conte uma história envolvente em seus vídeos ou fotos. A descrição é muito importante. Ali você pode usar textos mais longos para ampliar o que já contou no vídeo ou o que deseja transmitir com a foto.

Dê preferência a usar texto na descrição e não em cima do vídeo. Isso porque é muito fácil errar na tipografia e deixar o vídeo feio.

O TikTok tem uma ferramenta ótima para gerar legendas. Isso sim é um texto que você deve investir para estar em seus vídeos falados, já que muitas pessoas assistem a vídeos sem áudio.

Uma dica extra são as capas. Sempre escolha uma imagem para a capa de seu vídeo. Essa imagem deve dar um sinal do que irá acontecer no vídeo ou pelo menos causar curiosidade. Nunca publique sem definir a capa em redes que permitirem isso.

Chamada à ação (CTA)

Inclua uma CTA no final do vídeo para direcionar o público para a próxima ação desejada. Não adianta falar sozinho na internet. Você precisa se comunicar com seu público e eles precisam entender e captar essa mensagem da maneira mais produtiva possível. Parece que não, mas só de você convidar a pessoa a seguir você se ainda não segue, ativar notificações, se ela não faria, esse convite aumenta significativamente a chance de ela fazê-lo. Diga o que a pessoa deve fazer enquanto assiste ao seu vídeo e, ao final, também diga onde ela deve clicar.

Dois exemplos: "Clique no botão aqui embaixo para falar com a gente agora mesmo" e "Comente EU QUERO para receber uma dica exclusiva sobre esse assunto no seu inbox".

Essas foram dez dicas que ajudarão sua empresa a melhorar a qualidade das fotos e vídeos feitos até mesmo com celular. Existe uma infinidade de coisas para aprender inclusive para a gente que já trabalha há tantos anos com esse segmento. Eu estou nessa área desde 2011 e, de lá para cá, o tanto de coisa que já mudou é incontável.

Por isso, crie e compartilhe conteúdo de alta qualidade, relevante para seu público-alvo, e esse movimento vai ajudar você a ficar sempre por dentro das mais recentes inovações.

Não esqueça de se perguntar: o que meu público quer ou precisa saber sobre minha empresa ou minha área de atuação?

O conteúdo que sua empresa deve publicar não é, necessariamente, conteúdo interessante para você em seus momentos de lazer acessando (ou não) as redes. Tenha conteúdo consistente para manter o público envolvido e não deixe de interagir com seguidores.

Este é um capítulo prático, mas de nada adiantará seguir as dicas e arrasar na criação de conteúdo sem valorizar a resiliência e a crença inabalável de que sempre encontraremos um caminho. Empresários de sucesso, vamos lá!

19

É MUITO IMPORTANTE ENTENDER QUE NÃO HÁ SUCESSO SEM COMETER ERROS

O sucesso pode ter significados diferentes para cada pessoa. Ser bem-sucedido, ter saúde, ser amado, estar satisfeito com a vida, alcançar reconhecimento profissional, familiar, pessoal, social, físico, espiritual, ter resultados satisfatórios de um propósito, enfim chegar ao final de um caminho que desejamos percorrer. O sucesso também pode ser uma combinação de fatores, como conhecimento, talento, rede de contatos, receber uma herança, habilidades, experiência, a definição que você quiser dar. Afinal, o sucesso é consequência positiva de alguma coisa que expressa o êxito de quem a fez, é algo que alcançamos privadamente e cujo valor somos nós que determinamos. Mas a única coisa que precisamos entender é que não há sucesso sem cometer erros, por isso, transformar adversidades em oportunidades, recomeçar quantas vezes forem necessárias, ressignificar, não desistir e muito menos desanimar é o que nos leva ao SUCESSO.

PERLA TATIANY

Perla Tatiany

Nutricionista, administradora, empreendedora, graduada respectivamente pelas Universidades FAPAR e UNINTER, com MBA em Administração e Gestão do Conhecimento (UNINTER), pós-graduada em Psicologia Organizacional pela Intervale, em Nutrição Clínica, Metabolismo, Prática e Terapia Nutricional pela Farese, especialista em Psiquiatria Nutricional, palestrante, *life coach*, *leader coach* e *self coach* pela Act Coaching. Além de sua carreira ter sido marcada por grandes conquistas, Perla é inspiração no comprometimento com seus clientes. Demonstrou, desde cedo, sua aptidão para o empreendedorismo. É fundadora da Quality Life Consultoria e Corretora de Seguros, e seu mais novo projeto é Joias de Luxo.P, uma curadoria em ouro 18K voltada ao público infantojuvenil, que já é um sucesso. Seu diferencial é ser empática, humana, sensível e equilibrada.

Contatos
perlatatianynutricionista@gmail.com
Redes sociais: @perlatatianynutri
@perlatatiany
@joiasdeluxo.p
41 99818 6195

Primeiro quero começar o capítulo com uma reflexão sobre o sucesso. Pense no que você responderia se eu perguntasse o que é sucesso. Sucesso é ter dinheiro? Sucesso é realizar sonhos? Sucesso é ser feliz? Sucesso é ter um bom emprego? Quando procuramos no dicionário a definição de sucesso, por exemplo, temos o seguinte conceito: é ter bom resultado, êxito, triunfo, dar certo. Na minha concepção, sucesso pode ser muito mais do que isso e a definição depende muito de você. Ainda complementando esse conceito, quem não pensa em ser bem-sucedido, principalmente na profissão? O significado de carreira de sucesso é bastante subjetivo e existem infinitas possibilidades de ser bem-sucedido, seja trabalhando em uma grande empresa, em uma pequena empresa, seja em casa, viajando, ou sem fazer nada, alcançar o tão sonhado sucesso e com esse sucesso realizar seus sonhos, enfim, sucesso é muito pessoal, concorda? Mas será que quem tem sucesso já cometeu erros?

Não sou *expert* em nada, vivo em constante aprendizado, e acredito que não existe fórmula mágica para ter sucesso, até porque o que eu considero sucesso pode não ser sucesso para você. Acredito também que uma das maiores formas de aprendizado da vida é com os erros e que, sim, pode existir sucesso sem erros e principalmente que você é o autor de sua história. Ao descobrir isso, nada e nem ninguém será capaz de impedi-lo de realizar o que deseja e buscar o que realmente faça sentido em sua vida. Eu, particularmente, entre tantos altos e baixos de minha própria caminhada, criei esse conceito de que realmente vivemos em uma aventura chamada vida e que andamos o tempo inteiro em uma roda-gigante, ora em cima, ora embaixo, outras vezes no meio, precisando muitas vezes redefinir, reiniciar, retomar o foco, em alguns momentos errando e em outros acertando, mas nunca desistindo dos nossos sonhos que podem nos levar ao sucesso, na maioria das vezes, muito mais errando, mas acreditando que tudo é aprendizado e que todo mundo pode fracassar. E você não fracassa por fazer as coisas erradas, fracassa por desistir.

Tanto as pessoas que fracassam quanto as que atingem o sucesso, em qualquer área da vida, cometem erros e muitas vezes os que fazem sucesso cometem erros maiores, erros consecutivos, mas são insistentes, não desistem até acertarem. Você não fracassa por fazer as coisas erradas e, sim, por desistir ao fazer as coisas erradas, então seja persistente, só assim você irá conquistar o tão sonhado sucesso.

De maneira simples, clara e objetiva, vou tentar passar como aprendi que somos responsáveis por tudo o que nos acontece. É você quem define sua realidade. Se erra e permanece no erro, se fica extasiado ou se aprende com aquele erro, é você, somente você, que consegue inventar e se reinventar para alcançar o sucesso. Precisamos identificar o que é vital e eliminar todo o resto para que possamos definir o que realmente importa, equilibrar e eliminar o que não é essencial e se livrar de julgamentos alheios. O sucesso é acima de tudo o bem-estar. É essencial aprender a manter o foco em seus objetivos e se conectar com sua essência, com seu propósito, independentemente de dinheiro, de posto social, de marca, de holofotes.

Muitas vezes, o sucesso é o simples. Pessoas bem-sucedidas acreditam verdadeiramente em seu potencial e em sua capacidade de fazer que sonhos, metas e objetivos se tornem realidade e essas pessoas não se deixam abalar por erros, por recomeços nem pelo descréditos dos outros. São convictas de que, com humildade, trabalho e dedicação, podem ser tudo o que desejarem. Pessoas bem-sucedidas definem os seus objetivos, estipulam metas e são comprometidas em alcançá-las continuamente. Os erros são associados ao aprendizado, nunca ao insucesso, ao fracasso nem à derrota.

As pessoas que fracassam e as que atingem o sucesso, em qualquer âmbito de sua vida, cometem erros. Às vezes, repetidamente, os mesmos erros, mas a diferença está em quem almeja o sucesso e não desiste. Pessoas assim pensam no futuro. Mesmo na incerteza, confiam em si mesmas, administram a dor dos erros, enxergam somente o que vem depois. Errou, doeu, sofreu, chore, viva o sofrimento, seja ele qual for, absorva a derrota, um emprego perdido, um fracasso na empresa, uma crise no casamento, uma separação, um filho rebelde, qualquer escolha errada, todos nós erramos, faz parte do ser humano, e isso é normal. Mas que seja passageiro. Tire as pedras do seu caminho, vire a página, siga em busca de seu propósito, de seu sonho, dos próximos erros, dos próximos desafios. Insisto em falar que você não fracassa por desistir ao fazer as coisas erradas. Fracassa por desistir. Errar é humano, errar é aprender. Tente novamente. Por mais improvável que seja, acredite, você é capaz, você consegue, não importa o tamanho de sua queda, de seu erro, de sua derrota. Não desista!

Cometer um erro é a maneira mais fácil, e ao mesmo tempo mais contundente, de chamar a atenção para nossa impermanência, incompletude e imperfeição. Isso é um lembrete da humanidade pulsante. Nossa sede de acerto logo após errar, porque as pessoas também acertam muito, é sim um reflexo de nosso ego, mas é, simultaneamente, nosso desejo de servir à sociedade, de contribuir para o bom funcionamento do universo. Erros geralmente significam desvios de trajeto, isto é, realidades que não correspondem às expectativas que alimentamos. Na verdade, isso pode ser muito interessante. Vamos exemplificar uma simples viagem. Você já deve ter se perdido procurando um ponto turístico, e na maioria das vezes descobre outros lugares incríveis, paisagens lindas, inesperadas e inesquecíveis. Desviar-se é atividade costumeira para o viajante, assim como para quem aprende pelas vias da experiências e da descoberta. Se não ficamos perdidos com alguma frequência, é sinal de que nos congelamos em nossas certezas, isto é, nos desumanizamos.

Alguns estudos revelam que precisamos ter atitudes principalmente quando erramos. Seguem algumas: primeiramente nunca desista, seja otimista e realista, seja específico e disciplinado, seja corajoso, foque no que você tem que fazer para chegar lá, desenvolva metas, pratique o autoconhecimento, fortaleça seu *networking,* tenha resiliência. E, para superar os erros, instruímos alguns caminhos como primeiramente aceitar que errou: assuma sua responsabilidade, compreenda o erro em sua totalidade, desenvolva um novo *mindset,* não tenha medo, escute o que o outro tem a dizer, evite tomar qualquer decisão no calor da emoção. Nunca esquecer de que, quando falhamos, aprendemos e alcançamos novos entendimentos e perspectivas sobre a vida, os negócios, o dinheiro, os relacionamentos e as pessoas. Somos forçados a fazer novas conexões, ligar pontos que não havíamos ligados antes. A falha é, também, uma parte da composição genética da vida.

Espero que agora você consiga definir o que é sucesso e transformar adversidade em oportunidades, e a se erguer quantas vezes forem necessárias para ser feliz, porque acima de tudo você pode errar quantas vezes precisar para ter SUCESSO e principalmente para ser FELIZ!

20

A VIRTUDE E OS TEMPERAMENTOS NAS VENDAS

Há, por aí, diversas técnicas, ferramentas, artes e teorias que prometem ensinar a você o caminho certo para o sucesso no mercado de vendas. Não quero aqui desprezar alguma delas, porém devo confessar que, pela minha experiência, sei que existe um conjunto de aptidões e conhecimentos que podem conduzir você por uma via infalível: virtude e temperamento. Por isso, estas páginas serão sobre como transformar qualquer relação interpessoal – especialmente a experiência de uma venda – em uma verdadeira aula de virtude e entendimento humano.

STELLA GAUDARD

Stella Gaudard

Meu nome é Stella Gaudard, tenho 24 anos e trabalho no setor comercial desde 2015. Formei-me no curso técnico de Transações Imobiliárias no primeiro semestre de 2021, concluindo, logo depois, a graduação em Negócios Imobiliários. Além da formação oficial, participei de diversos cursos e me dediquei a muitos estudos na área de vendas e, igualmente, me aprofundei no conhecimento sobre os temperamentos, para que eu pudesse compreender melhor esta teoria e saber como funciona esse *rapport* natural que hoje é muito almejado. Comecei a trabalhar com vendas aos 14 anos de idade. Foi o momento em que eu perdi minha avó devido a um câncer e precisava custear alguns cursos e estudos, pois meu desejo era estudar fora do país. Daqui vem a primeira reflexão: não existe nenhum cenário tão "trágico" que não nos permita que nos movamos para uma direção diferente da que estamos remando – e de fato foi assim.

Contatos
stella_gaudard@icloud.com
Instagram: @astellagaudard

O início da caminhada

Incrivelmente, nessa época acabei descobrindo em mim um talento desconhecido para a produção de docinhos. E com meus docinhos fiz meu nome no colégio. Eu estava entrando no Ensino Médio e tinha certa liberdade para ir às salas e conhecer os outros alunos, afinal eu estudava já há alguns anos no mesmo colégio. E aqui está a segunda reflexão: inicialmente, o melhor lugar para fazer negócios é o próprio meio em que você já está inserido. Nesse lugar, sua identidade e sua autoridade já estão validadas e estabelecidas, e não são necessárias altas provas sociais. (Obviamente, no meu caso, eu não tinha nenhum histórico ruim que comprometesse aquele tipo de relação comercial, então aquele se tornou o melhor – e talvez único – ambiente onde eu poderia ter algum sucesso no momento.) E assim comecei essa caminhada comercial. Nessa circunstância, me vi perante um desafio: havia certas pessoas no colégio que eu achava que não iam muito com a minha cara, mas que eram populares e tinham uma boa condição financeira, além de me parecerem ser o cliente ideal. Então, tive de encontrar um jeito para me aproximar delas. E esse foi o princípio de tudo, onde comecei a entender mais sobre os clientes, ou melhor: sobre as pessoas.

Depois vieram os estudos, os anos dentro do setor comercial, a experiência de trabalho em grandes empresas de venda.

Logo fui me deparando com adversidades e circunstâncias nada prazerosas; infelizmente, presenciei várias atrocidades. Percebi, então, que grande parte dos problemas nesse mercado tem raízes éticas, e os problemas éticos dizem respeito à má formação de caráter. A experiência me fez encontrar um mercado que abandonou totalmente os valores morais e os princípios básicos que regem as relações interpessoais. Essa desordem afetou minha vida – a profissional, mas também a pessoal.

Decidi fazer diferente! Deixei de fazer o mesmo que meus companheiros, mudei as minhas estratégias que só prezavam pelo objetivo "vender por vender" ou "vender custe o que custar" e comecei a vender com virtude. Foi o que me destacou tanto entre os clientes como entre os superiores das empresas em que trabalhei e me garantiu um sucesso e uma eficácia inimagináveis.

Ordem, responsabilidade, paciência, honestidade e uma pitada de alegria (em mim essa "pitada" foi bem generosa!) parecem ser desnecessários e até mesmo irrelevantes no ambiente comercial. Contudo, essas virtudes são tão rapidamente percebidas por todas as pessoas que estão em contato conosco que, se as deixamos de lado, não impressionamos a ninguém.

Descobri também que essas qualidades, que todos conhecemos e sabemos mais ou menos o que são, por si só não bastam para nos oferecer a melhor experiência de venda. Isso porque a virtude em mim deve encontrar um receptor no outro – é a relação interpessoal que existe, no caso de nosso mercado, entre profissional e cliente. Saber conhecer o cliente é de extrema importância. E então aquela experiência de vender docinhos na escola amadureceu e se tornou conhecimento no estudo dos clientes.

Para o que nos é básico e inicialmente necessário conhecer do cliente, duas regras rápidas são valiosíssimas e mais que comprovadas:

Regra 1: não julgue o cliente

Isso é difícil para todos nós! E já o ouvimos diversas vezes. Mas apesar de todas essas vezes, eu só aprendi na pele e partilho com você. Ao trabalhar no mercado imobiliário, em um bairro de luxo do Rio de Janeiro, percebi que meus clientes mais ricos estavam sempre de bermuda e chinelo. Em vários momentos, observei que muitos corretores não abordavam os clientes que estavam vestidos dessa maneira, ou com roupa de academia, ou que estavam passeando com seu pet, pois simplesmente os julgavam incapazes de comprar algum imóvel.

Lembro-me de uma vez abordar uma moça que parou de bicicleta para ver a vitrine da imobiliária e ninguém foi atendê-la. Quando eu a abordei, ela procurava uma cobertura em torno dos 5 milhões. Peguei o contato dela durante a leve prosa na vitrine e dei continuidade ao atendimento. Eu poderia contar aqui que vendi para ela e fiz 200 mil de comissionamento, mas a ideia não é inventar história de sucesso, mas mostrar como os julgamentos são prejudiciais e como um bom relacionamento pode tornar fácil alcançar pessoas de classe mais elevada que a sua sem muito drama. A propósito, não vendi para ela, pois se mudou para São Paulo por conta do trabalho do marido. Se ela não tivesse se mudado, provavelmente eu teria realizado a venda, como aconteceu em outros momentos.

Além da aparência física, outro julgamento muito comum em nós é o juízo emocional. Certo momento da vida, eu fiz um curso sobre atendimento ao cliente, obrigatório em uma empresa em que trabalhei. Recordo que o palestrante disse que não devemos dar bom-dia para nosso cliente. Eis que na hora me vem à cabeça a pergunta: "Então, eu faço o quê? Devo ser sem educação com o cliente?" Naquele momento, ri comigo mesma e lembrei-me de uma vez que dei um bom-dia com sorriso para um cliente, e ele me disse que fui a que o atendeu melhor, de modo mais alegre. Não julgue o quão ranzinza seu cliente está, ele provavelmente teve um dia ruim ou apenas está na defensiva por não conhecer você, e isso não se torna um problema quando você o descobre de maneira rápida, o cumprimenta de modo cordial e alegre e faz as perguntas certas a ele.

Regra 2: escute o cliente como se não houvesse amanhã

O cliente não conhece você, e você não o conhece. Dê uma segurada no falatório, principalmente se gostar muito de falar, pois você precisa ouvir o cliente. Se não o ouvir, você perderá pontos importantes do atendimento e do gosto dele, e isso vai lhe custar mais tempo de atendimento e pode até cansá-lo.

Na época do colégio, eu só vendia brigadeiro. Ouvindo os outros alunos, descobri que grande parte do colégio gostava de beijinho (doce de coco). Eu não gosto de coco ralado, então simplesmente não fazia beijinho. Diante da demanda que encontrei ao ouvir os "clientes", decidi fazer, e a recepção foi ainda maior que a do brigadeiro, pois era uma demanda que estava sendo atendida. Confesso que sequer sei qual gosto tinha esse beijinho, pois não provei. Só sei que o feedback foi positivo e o número de vendas aumentou bastante. Essas duas regras valem especialmente para as primeiras impressões e interações. Entretanto, temos uma parte mais técnica que me ajudou muito a entender que existem perfis e tendências em cada cliente. E entre as diversas ferramentas e métodos de avaliação da personalidade de clientes que já estudei e pratiquei, sem dúvidas a que mais me serviu foi a teoria dos Quatro Temperamentos.

Colérico

Sabe aquele cliente esquentado, que quer resolver tudo sozinho e quase descarta você? Pois bem, é ele. Às vezes, será grosso sem perceber. Essa é a tendência natural dele. É ágil, na maior parte das vezes diz não ter tempo para atender você ou fazer uma reunião, mas, se você aparecer com uma proposta sensacional, ele arruma tempo rapidinho. Tem um perfil bem impaciente, então com ele você precisa ser dinâmico, rápido, não exigir muito tempo dele e ao mesmo tempo mostrar também que não tem muito tempo disponível para ele.

Uma nota sobre tempo disponível, e isso independe do perfil e temperamento do cliente:

Valorize seu tempo. Dê duas opções de turnos, duas opções de dias e duas opções de horário. Seja o administrador de sua própria agenda, não deixe que o cliente faça o que ele quer. Você que conduz o agendamento, mas deve dar o poder de escolha para ele. Isso funciona bem para os perfis mais dominadores, pois você "empodera" o cliente com a escolha. Essa estratégia deixa você um pouco à frente.

Não poderia deixar de elencar que a melhor virtude que você deve trabalhar como profissional para com um cliente colérico é a virtude da temperança, no sentido de que você deverá ter o autocontrole de sua agilidade ou vontade de fechar um negócio rápido e até mesmo de querer desistir do cliente na primeira negativa que ele der de marcar uma reunião com você. Aqui a insistência, sem levar para o lado chato da palavra, é essencial para uma demonstração de interesse em ser útil, verdadeiramente, diante dele.

Sanguíneo

Aquele cliente bem divertido, falador, que o deixa super à vontade e facilmente quebra a barreira profissional-cliente. Aqui temos de tomar cuidado para não perder a postura profissional e o cliente achar que somos amigos ou psicólogos dele. Normalmente, lá pela metade da reunião, ele já está abrindo questões familiares e inserindo você em tudo. De certo modo, é bom ter conhecimento sobre as dores dele, como com qualquer cliente, mas ele tende a fazê-lo de maneira muito intensa, além de ser superficial. Essa superficialidade é bem confusa, especialmente quando se trata de fechamento. Ele muda de ideia com grande facilidade, costuma ter uma tendência mais impulsiva e insegura. Então, em certos momentos, você deve tomar um pouco as rédeas, senão o negócio não será finalizado.

Uma nota sobre esta última frase, em que digo que devemos tomar as rédeas:

Conhecer o perfil de quem está se relacionando conosco facilita tudo, porém devemos ter virtudes nisso, para não nos tomarmos como pessoas más. Uma pessoa convicta em prejudicar alguém, estuda e observa muito antes de tomar qualquer atitude. Porém, não podemos trazer esse formato de conhecimento para nosso meio. Devemos ter virtudes e utilizá-las junto ao conhecimento dos temperamentos e perfis. Quando eu digo "tomar as rédeas", quero dizer que devemos saber o momento certo de dar uma leve pressão e um xeque-mate no cliente para o fechamento, mas com caráter de ajuda na tomada de decisão. Isto deve acontecer quando encontramos algo que realmente o atende: um curso, um apartamento, uma consultoria ou um modelo de negócio. Não podemos utilizar esse tipo de pressão somente em prol de nosso interesse em fechar um contrato ou receber comissionamento. Falarei algo pesado agora, porém, nós vendedores, levamos o fardo de fazer uma pessoa feliz por anos com uma escolha, ou fazer essa pessoa se arrepender amargamente por anos. A escolha é sua, quem você quer ser? A venda a todo custo vai lhe custar também.

Com o sanguíneo, as melhores virtudes a trabalhar seriam duas, o silêncio e a justiça, ao passo que você consegue ouvi-lo melhor e filtrar com consciência o que ele realmente tem de importante e o que é superficial para o fechamento do negócio e atingir um pensamento do que é justo ou não para ele naquele momento, o que é adereço e o que verdadeiramente é indispensável para atender aquela expectativa e necessidade.

Fleumático

Ele é mais quieto, mais observador, se adéqua bem, não é de estilo muito exigente e, dependendo, pode receber ideias diferentes da dele de maneira receptiva. Tem um humor diferenciado. Com o tempo de convívio, acabamos ouvindo umas piadinhas de humor bem peculiares, mas muito inteligentes. Ele não tem pressa, pode ficar com você bastante tempo, até realmente tomar uma decisão, mas não porque ele é confuso e superficial como o sanguíneo, mas porque sabe o que quer e vai até o fim com foco e frieza impressionantes.

Lembro-me de uma vez ter atendido um cliente fleumático no ramo imobiliário e fiquei com ele seis meses visitando imóveis, até ele achar o que realmente queria. O ponto específico foi que ele queria algo que estava acima do que podia pagar. Então eu dei duas opções: mostrei o que ele queria, mas era valor acima do que gostaria de pagar; e igualmente mostrei o que ele podia pagar, mas que não atendia plenamente às expectativas dele. Nitidamente, ele queria o mais caro, sabia o que queria. Nesse momento, eu fui para a parte de negociação e passei três exaustivos meses negociando com o proprietário do imóvel e com ele. De longe, foi a negociação mais demorada que já tive. Mas prometi que ele se mudaria antes da Páscoa, e assim o fizemos. Depois, ainda o visitei três vezes na casa nova, onde ele estava muito feliz. Isso paga qualquer exaustão de três meses.

Nota sobre os fleumáticos: este tipo de perfil traz uma lentidão às vezes difícil de compreender, logo, uma virtude essencial para o tratamento com eles é a da paciência.

Melancólico

Normalmente, é um cliente mais introspectivo. Não é de arreganhar sorrisos logo de cara, pois medita e reflete sobre tudo e calcula demais. Demora a dar uma resposta, porque não consegue decidir rápido, mesmo sabendo que tal produto, serviço ou imóvel é para ele. Não é propriamente lento, só é indeciso, e normalmente vem acompanhado de uma pessoa para lhe dar certo impulso e apoio para conseguir se decidir; caso não exista essa pessoa, talvez você tenha que ocupar esse lugar. Ele é mais "contemplativo", tem um estilo de entendimento mais complexo e profundo das coisas, então você precisa se adequar a esse tipo de visão: colocar perspectivas nas apresentações e conversas, nada de ser superficial e muito agitado, senão você perderá total credibilidade com ele.

Aqui me lembro de uma cliente que tive. Ela levou quatro meses para decidir se comprava ou não o imóvel, e nesse meio tempo ela não quis ver outra opção porque sabia o que queria, só não conseguia bater o martelo. Isso às vezes é ruim, pois a negociação pode esfriar e o cliente pode sumir por indecisão. Então, cabe a você continuar o diálogo até ele se sentir confortável e confiante a fechar o negócio. A chave aqui é a virtude da honestidade.

Nota sobre o melancólico: não esconda os problemas da negociação ou do produto que você vende. Por ele ser muito observador e profundo, vai reparar em tudo. Então, se você esconder algo, ele vai enxergá-lo como desonesto, que é o que você está sendo no final das contas, e nunca mais voltará. Seja reto em suas intenções.

Enfim, diante de tudo que apresentei, trago esta pequena reflexão:

As virtudes não significam forçar a barra com uma falsa caridade para com seu cliente a fim de se passar por "bonzinho" ou por "vendedor humanizado", o que muitos por aí pregam. Na verdade, eles agem de modo a voltar-se para o benefício de si mesmos. Vendas é olhar com caridade e atenção para quem pede sua ajuda. Um bom vendedor diz respeito a metas batidas e alto faturamento, mas o bom ser humano diz respeito à caridade e ao cuidado com o próximo.

Não cito nenhuma religião, mas a lei natural do bem, a inclinação para as boas ações que vive dentro de nós e nos convoca para algo superior à matança que existe no mercado, onde os vendedores se tratam como bichos, e o cliente é a presa em extinção. Não somos bichos, portanto, sejamos humanos. O combo do sucesso é o bom vendedor e o bom ser humano, e este está em formação constante e deve ser buscado todo dia. Com esforço e olhar altivo, chegamos lá e não seremos esquecidos pelos que tivemos o prazer de prestar um serviço sorridente e alegre.

Os melhores vendedores encontram a felicidade no brilho dos olhos do cliente, e não no tamanho da própria conta bancária. Se gerarmos muito do primeiro, o segundo virá como consequência.

Referências

FERRAZ, E. *Negocie qualquer coisa com qualquer pessoa*. São Paulo: Gente, 2015, 189 p.

MARSILI, Í. *Os 4 temperamentos na infância*. Campinas (SP): Kírion, 2018, 144 p.

21

DESBRAVANDO O MUNDO DA COMUNICAÇÃO CORPORATIVA

REFLEXÕES SOBRE O SUCESSO EMPRESARIAL

Este capítulo destaca a importância da comunicação corporativa para o sucesso empresarial, enfatizando sua complexidade, especialmente em tempos de demasiada exploração de conteúdos em redes sociais. Aborda a revolução digital nos negócios e a importância da adoção da Comunicação 360 graus para o alcance de bons resultados. O texto a seguir traz a importância da gestão de imagem, citando um famoso *case* de uma influenciadora digital, que sofreu as consequências de uma crise reputacional. Introduz o *media training* como ferramenta eficaz e ressalta a necessidade de líderes bem treinados.

VIVIAN LIMA

Vivian Lima

Formada em Jornalismo, há 20 anos, pela Universidade Santa Cecília, em Santos, já atuou como editora de jornal diário e na coordenação de produção em audiovisual. Coordenou o programa Educação Financeira, desenvolvido pela então BMF&Bovespa, com veiculação semanal na TV Cultura. Com especialização em assessoria de imprensa para o setor privado, MBA em finanças e *banking* e certificação em investimentos, trabalhou por mais de uma década no mercado financeiro, com passagem por diversos segmentos, entre eles, o da alta renda. Hoje, sócia na Tamer Comunicação, cuida de contas de bancos, seguradoras, corretoras, *assets* e *wealth management* e agência de análise de risco. Casada há 16 anos com Diego Sanches, apoiador em todas as suas empreitadas profissionais, e pai da pequena Júlia, que a desafia diariamente a desempenhar o maior desafio de toda a sua vida: a maternidade.

Contatos
vivianlimajornalista@gmail.com
13 99707 5860

Ao receber o convite para participar do projeto editorial *O mapa do sucesso empresarial*, após o impacto e a alegria por fazer parte de um projeto tão audacioso, comecei a pensar na responsabilidade e no desafio de compartilhar informações em uma obra que nasce com a proposta de guiar as pessoas ao sucesso nos negócios.

Trabalho há mais de 20 anos com comunicação, a maior parte desse tempo na área corporativa. Ao longo de minha jornada profissional, aprendo continuamente, pois a comunicação, seja nos negócios, seja em nossas relações interpessoais, é viva, dinâmica e extremamente poderosa. Não é por acaso que, no Brasil, dezenas de políticos são donos ou acionistas de meios de comunicação, incluindo redes de rádio e TV. Meu objetivo é compartilhar neste capítulo um pouco sobre o fascinante mundo da comunicação corporativa.

Se pensarmos que o êxito de um negócio, independentemente da área de atuação ou tamanho, necessita de um bom projeto e planejamento, podemos comparar a aventura do empreender a uma viagem a um lugar desconhecido, que para ser bem aproveitada demanda um bom roteiro e mapas de apoio para explorarmos nosso destino da melhor forma possível. Muitos até se arriscam no famoso mochilão com pé na estrada sem destino, mas nem todos têm o perfil e a desenvoltura para correr os riscos que surgem ao longo do caminho.

Saber aonde queremos chegar e o que precisaremos utilizar durante a viagem é imprescindível, assim como na estrutura de uma empresa com comunicação eficiente. Estabelecer as mensagens-chave sobre quem você é, o que você faz e o que deseja alcançar deve estar em sua lista de prioridades e comunicado de modo eficaz aos seus *stakeholders.*

O processo de comunicação, principalmente com a revolução de redes sociais, assunto que exploraremos um pouco mais adiante, pode até parecer simples, se tratado de maneira simplista, mas, quando inserido adequadamente na estrutura que lhe é devida, ganha protagonismo e passa a ser um grande aliado do alto escalão das organizações, seja para amplificar seus feitos, no trabalho de mitigação de riscos de imagem, ou até mesmo na desafiadora tarefa de gestão de crises.

A comunicação corporativa é uma engrenagem com vários componentes e áreas de atuação. Não pretendo – nem seria possível – aprofundar aqui todos os aspectos e possibilidades, mas espero instigá-los a conhecer melhor esta ferramenta fantástica, muitas vezes não explorada nas empresas. Há quem acredite que criar um *post* para a rede social seja sinônimo de relacionamento com o público, ou que a criação de um perfil no LinkedIn seja o suficiente para dizer à sociedade, e ao mundo corporativo, quais são sua missão, visão e valores.

Sem dúvida alguma, as transformações digitais revolucionaram a forma de comunicar e fazer negócios. Milhares de oportunidades existem exclusivamente por causa da internet. De acordo com a Associação Brasileira de Comércio Eletrônico (ABComm), o faturamento das vendas no e-commerce no país atingiu cerca de R$ 80,4 bilhões no primeiro semestre de 2023, sem contar inúmeros serviços que nasceram graças à inovação das *startups.* A inteligência artificial também surge como um desafio e divisor de águas mercadológico que, além de não poder ser ignorado, deve ser inserido em diferentes frentes de trabalho.

Sempre reforço aos clientes que atendo que a comunicação deve ser feita em 360 graus e não se limita ao mundo virtual, mesmo que seu negócio seja apenas na internet. Quando você possui um CNPJ e se torna um agente ativo no mercado, passa a ter uma imagem institucional. Logo, tudo aquilo que se propõe a fazer e apresenta de fato para a sociedade se torna passível de análise e julgamento crítico da mídia, dos concorrentes, fornecedores, acionistas e clientes, que utilizam as redes sociais para expressar sua satisfação e alardear sua insatisfação. É o famoso "caiu na rede". Existe uma falsa máxima que diz: "Se está na internet, é real." E justamente para lidar com tantas situações, muitas vezes adversas e difusas, que existe uma série de medidas e treinamentos que utilizamos para orientar e apoiar as empresas durante sua empreitada. Na maioria das vezes, encontramos executivos que dominam e executam com excelência seus afazeres em suas respectivas áreas de atuação, mas nem sempre sabem transmitir seus objetivos para os demais, muitas vezes dentro de sua própria equipe.

A assessoria de comunicação, que atua não somente com o relacionamento com agentes externos, como imprensa, mas de maneira integrada com os demais departamentos da organização, é capaz de identificar, destacar, analisar e referenciar os pontos fortes e fracos da empresa, auxiliando-a em toda sua jornada, inclusive na forma e análise de conteúdo digital. No entanto, não podemos esquecer que por trás de um CNPJ existem CPFs que assinam pela empresa, que também possuem uma imagem que, ao se tornar pública, se mistura com a institucional, por isso o papel do assessor é fundamental para orientar e apoiar os profissionais em todo o processo e, justamente por isso, disse que, por mais que seu negócio esteja restrito ao ambiente virtual, sua reputação é real, assim como sua imagem. O comportamento inadequado de um sócio, por exemplo, ainda que fora do ambiente de trabalho, pode trazer um risco de imagem sem precedentes. Uma fala fora do contexto, uma foto vazada indevidamente, uma postagem pessoal que desagrade um fornecedor pode gerar inúmeros prejuízos, causando muitas vezes até consequências irreversíveis.

Em 2020, durante o período de pandemia de covid 19, a influenciadora digital Gabriela Pugliesi foi centro de uma grande polêmica na internet que lhe causou a perda de dez patrocinadores, e segundo a imprensa à época, a evasão de mais de 150 mil dos seus 4,5 milhões de seguidores no Instagram. O motivo foi o fato de a influenciadora fitness, acostumada a postar conteúdos de saúde e bem-estar, ter promovido uma festa para um grupo de amigos em sua casa durante o período de restrições sociais, contrariando as recomendações da Organização Mundial da Saúde (OMS). Após a grande repercussão negativa na web, inclusive por parte de outros formadores de opinião, a influenciadora veio a público para justificar seu comportamento e pedir desculpas, mas o estrago reputacional já havia sido feito e os prejuízos, contabilizados. A atitude controversa de Pugliesi não foi um ato isolado. No ano seguinte, ela teve novamente postagens rechaçadas pela opinião pública e sofreu o repúdio de muitos usuários da internet, gerando o chamado "cancelamento", por fazer publicidade de uma empresa de helicóptero, sobrevoando região impactada pelas fortes chuvas na Bahia. Em ambas as situações, a influenciadora teve que administrar, além de prejuízos, que chegaram a afastá-la das redes e posteriormente uma reformulação de sua marca pessoal, o *rebranding*, uma grande crise reputacional.

Atualmente, Gabriela se apresenta sem o Pugliesi e adotou o sobrenome Moreira em uma nova fase de sua vida, em que se apresenta como mãe e como proprietária de uma linha própria de produtos de beleza. Mas talvez você esteja se perguntando:

e que diferença faz um assessor de comunicação em um momento como esses?

Eu lhe respondo sem pestanejar: TODA A DIFERENÇA.

A elaboração do mapa para gerenciamento de crise, com as diretrizes e os procedimentos que devem ser adotados em caso de situações atípicas, que fogem do controle da corporação e trazem riscos reputacionais, também é atribuição da equipe de comunicação organizacional. Antecipar-se aos movimentos da imprensa, estar pronto e com a equipe de porta-vozes coordenada e preparada para a gestão da tensão e das demandas midiáticas que surgem concomitantemente aos imprevistos é uma maneira assertiva de relacionamento com o público e de prestação de serviço.

Assim como grandes polos industriais possuem programas de gerenciamento de danos e riscos ambientais e segurança, uma empresa deve ter em mãos o passo a passo do que fazer em caso de ser surpreendida com uma notícia inesperada e que pode gerar danos se não for bem gerenciada, causando grande impacto na reputação ou, em alguns casos, dissolução de uma marca.

Outra ferramenta de comunicação muito eficaz é a definição e o treinamento dos líderes que podem representar a empresa publicamente, inclusive com a imprensa. Esse treinamento é chamado de *media training*, que pode ser ministrado de diferentes maneiras, mas que consiste na orientação e simulação de situações em que o porta-voz da instituição, seja ela pública ou privada, tenha de se apresentar publicamente para uma entrevista com a imprensa, participar de algum programa de rádio, TV ou internet para a divulgação de algum resultado, para justificar alguma medida adotada pela empresa ou simplesmente administrar a demanda gerada por atender algum cliente envolvido em alguma operação de interesse da mídia. Nessas situações, não há uma receita de bolo, cada caso é um caso e costumamos desenvolver, de acordo com o perfil de cada cliente, um manual para gerenciamento de crises.

Um processo de gestão de crise dentro de um escritório que atende clientes politicamente expostos é muito diferente de uma empresa que atua em áreas com possíveis riscos ambientais. Porém, a maneira como se apresentar diante da TV, que inclui tipo de roupa, acessórios, postura física, para onde olhar, posicionamento diante das câmeras, como formular a resposta, qual a melhor maneira para lidar com as perguntas dos jornalistas, é orientada por meio de técnicas de comunicação.

A área de comunicação efetiva realiza o que denominamos processo de imersão, que serve para entender o DNA da corporação, pois só assim a equipe será capaz de transmitir as mensagens-chave tanto interna como externamente. Com este ponto de partida, é possível traçar uma estratégia sobre formatos, veículos, linguagem e canais de comunicação.

A comunicação estratégica elimina ruídos e gera aumento de performance. Promove interação e unidade com a equipe. Quando todos sabem o que fazer e seus respectivos papéis, o resultado é melhor e acontece mais rápido. Philip Kotler, considerado o pai do marketing, em sua famosa obra *Administração de marketing* diz que as organizações trabalham sistematicamente para construir uma imagem sólida e positiva na mente de seu público. Muito é investido, mas nem sempre os esforços são direcionados da forma adequada. Criar e veicular peças publicitárias no rádio é totalmente irrelevante se ninguém sabe de fato o que você faz e como o faz. Existe um caminho a ser trilhado na jornada da comunicação corporativa, e uma das vias é a construção de reputação. Referenciar a credibilidade de seu negócio é falar com propriedade sobre as especialidades que possui, seus diferenciais e tornar os porta-vozes da empresa fontes de informação para a mídia. Isso funciona para os mais diferentes segmentos e áreas: economia, direito, saúde, educação, segurança, gastronomia, varejo, indústria, comércio, profissionais liberais ou grandes empresas. Seu negócio, se ainda não é, pode e deve virar notícia.

Não é preciso necessariamente ter a marca de seu escritório estampada em um *outdoor* na principal via da cidade, mas você pode, com um trabalho de relacionamento com a imprensa, dar uma entrevista para um veículo que atinja os seus clientes e se apresentar como referência em determinado assunto. Entender e saber onde seu cliente está e o que ele quer ouvir é fundamental. Tampouco há sentido falar sobre as possibilidades de judicialização da Reforma Tributária em programa matinal de variedades. Vale ressaltar também que isso não acontece da noite para o dia, pois estamos falando de construção de reputação e não de anúncio pago. Os resultados e estratégias são completamente diferentes.

Em sua visita ao Brasil em 2013, o Papa Francisco, em uma entrevista ao colega Gerson Camarotti, da TV Globo, respondeu sobre falhas de segurança em sua passagem pelo Rio de Janeiro e se havia sentido medo. O pontífice respondeu que quando está passando pela multidão com o papamóvel faz questão de ter interação com o público e abre os vidros blindados que o separa das pessoas e disse: "Ou a gente faz a viagem como deve ser feita, com comunicação humana, ou não se faz. Comunicação pela metade não faz bem."

Enquanto empresários observarem a comunicação como despesa e cortarem-na ao primeiro sinal de crise, permanecerão em um círculo vicioso, desperdiçando inúmeras e incríveis oportunidades de geração de *leads*. Para o austríaco Peter Drucker, pai da administração moderna, os recursos de uma organização precisam ser destinados às oportunidades e não aos problemas. Se as relações públicas da empresa estiverem limitadas aos *posts* publicados aleatoriamente no *feed* da rede social, sem uma estratégia bem definida, certamente essa empresa comunicará pela metade.